Die Hoffnung durch einen Stern auszudrücken —
die Sehnsucht einer Seele durch einen strahlenden
Sonnenuntergang . . .

Van Gogh - Arles 1888

Bibliografische Information der Deutschen Nationalbibliothek:
Die Deutsche Nationalbibliothek verzeichnet diese Publikation
in der Deutschen Nationalbibliografie; detaillierte bibliografische
Daten sind im Internet über https://portal.dnb.de/ abrufbar.

© 2021 Charlott Ruth Kott
Satz, Umschlaggestaltung, Herstellung und Verlag:
BoD - Books on Demand, Norderstedt
ISBN 978-3-7543-8585-2

2. Auflage

Sonnengesang

Kurzgeschichten und Malerei
Charlott Ruth Kott

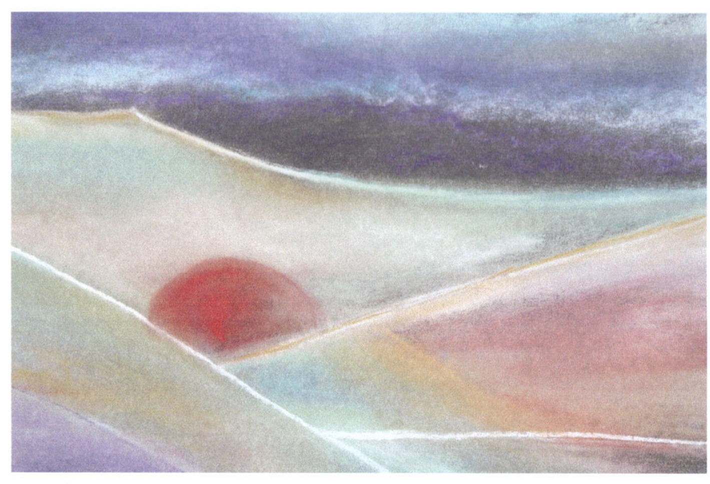

>Sonnengesang< Pastell

Bei dem Malen des Bildes >Sonnengesang< erfasste mich eine große Liebe. Meine Gedanken weilten wieder in Assisi, in Umbrien.
Wenn ich heute vor dem Bild stehe, finde ich auch mich –
Und das Wunder der Natur ist mir nah.

An den Wind

Der Wind weht mir das Zeichenblatt von der Mappe, die ich auf dem Schoß halte. Leider vergaß ich die Klammern und das Klebeband im Atelier.
Nun wird es nichts mit einer Zeichnung in der Landschaft. Ich nehme stattdessen den Schreibblock zur Hand. >Es ist ein kleines Stück vom Paradies - die Provence<.
Mit Zeichnen, Malen und mit Worten möchte ich es ausdrücken.
Kann ich das? Der Wind ist stark und schnell wie Mistral, doch warm, als schlüge mir die Glut eines gewaltigen Feuers entgegen.
Er kommt heute aus dem Westen – also kein Mistral.
Den Mistral schickt der Norden über den >Mont Ventoux<, über den Berg der Winde. Der Mistral ist kalt, auch im Sommer.
Heute sind wieder 30 Grad im Schatten. Ich sitze unter einer alten Steineiche um nicht zu verbrennen. 14 Uhr – Mittagshitze. Die Kraft der Sonne zwingt zur Ruhe. Aus den umliegenden Dörfern schlagen die Glocken der Uhrtürme. Grillen zirpen im vertrockneten Gras, das Rauschen der Bäume ist angenehm und dann wieder eine große Stille.
Angestrahlt von der Sonne flüstern die Felsen der Ouvèze ihr Lied in den Wind. In der Höhe über den Felsen liegt Rasteau, ein Ort des guten Weines.
Das Örtchen Celan streckt sich gen Himmel und zeigt sein Château. Wir Maler mögen den Wind, er fegt die Landschaft frei, die Wolken hinweg. Ein klarer Himmel zeigt die Farbe des Südens – Coelinblau!
Mir fächelt der Wind den Duft von Kräutern zu. Rosmarin, Thymian und Minze wachsen in Fülle. Den Lorbeer zerreibe ich in meinen Fingern, erst dann verströmt er sein Aroma. Seit Monaten hat es nicht geregnet.

Der wilde Lavendel ist vertrocknet, leuchtet silbrig und streckt die dünnen Zweige zum Licht. Die jungen Olivenbäume wiegen ihre Zweige und Äste, sie schütteln den glänzenden Blätterflor im Rhythmus des Windes.

Meine Seele? Sie atmet in vollen Zügen das Leben im Innen und Außen.

Was kann ein Mensch, was kann ich dafür tun, um diese Natur zu erhalten. Wie klein ist der Mensch im großen Universum.

Mit meinen Arbeiten versuche ich den Menschen möglichst viel von meiner inneren Ruhe und Fröhlichkeit zu vermitteln. Und heute, hier mit dem Wind, dem Duft und der Wärme, bin ich ganz in mir zuhause.

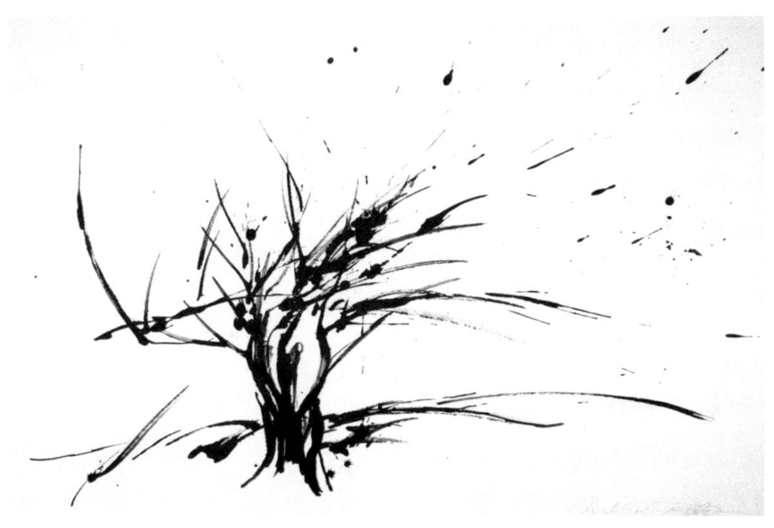

Junger Olivenbaum – Tuschezeichnung

Ein Morgen in der Provence

Lau und leise weht der Morgenwind
Über Felder, Wiesen und Bäume
Grauer Nebel steigt lautlos gen Himmel —
Hinterlässt Tau auf Strauch und Gras

Meine Füße treten vorsichtig
Umgehen Blüten und Glücksklee
In roter Erde —
Als sei die Welt am Morgen
Neu erdacht, verletzbar wie Glas

Sehnsucht nach Frieden und Wärme
Umspielt Körper, Geist und Seele —
Dankbar erfüllt vom Glück
In dieser Stunde, dass ich es nie vergaß

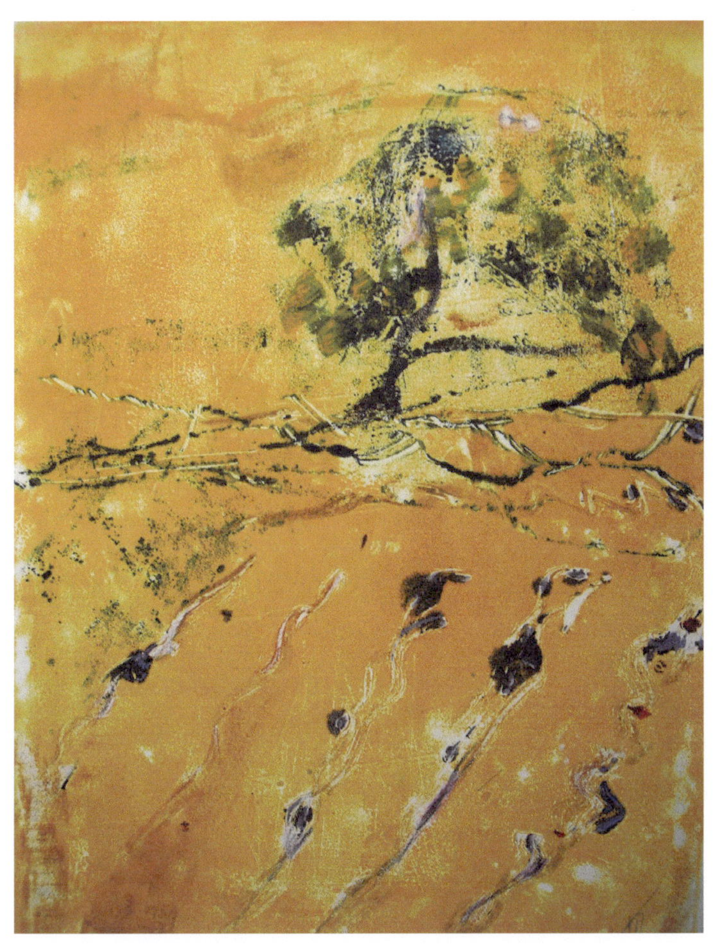

>Olivenbaum im Feld< Lithographie

Überall ist Himmel

Am Morgen nichts hält mich
Im Haus –
Das Bild in meinen Gedanken
Leuchtet in den Farben des Südens

Bepackt mit Mappe, Rucksack
Und Malhocker finden die Füße
Den Weg zum Motiv –
Gehend über das weite Land

Gehend umweht vom Duft
Der Kräuter, Gräser und Blüten
Benetzt von Tränen der Nacht –
Geblendet vom diffusen Licht

Dankbar, fragend, staunend
Schmecke ich noch immer –
Die Farben des Himmels
Und der Erde – überall ist Himmel

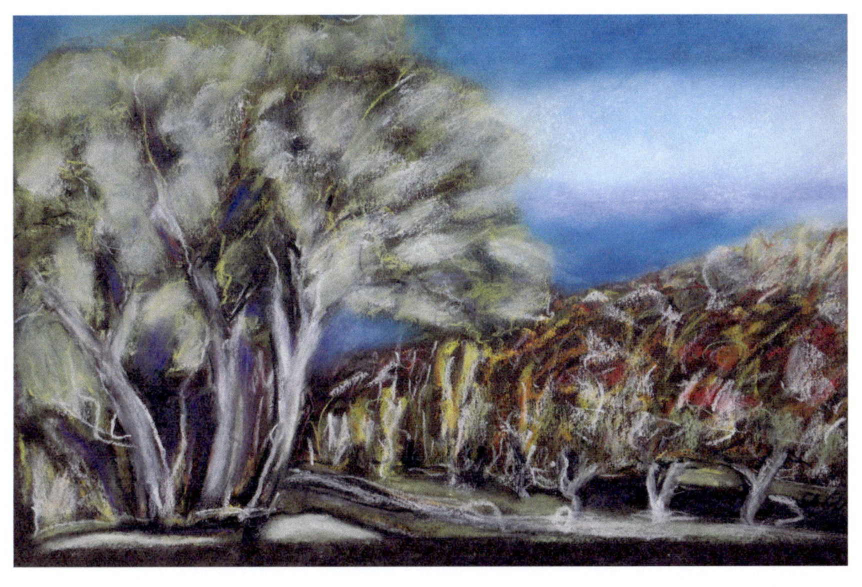

>In der Provence< Pastell

Spaziergang mit Hermann Hesse

Wenn Du die kleine Hand mir gibst . . .

Die Aufregung war groß, als ich in Genf in den Zug nach Milano stieg. Mit einigen Freundinnen hatte ich Ausstellungen besucht, die halbe Nacht gefeiert und wollte am Morgen in den Tessin fahren um ein Haus zu hüten. Mir war bewusst, dass ich in Domodossola umsteigen musste um nach Locarno zu kommen.
Die Fahrt mit dem Zug, von Genf aus, war erlebnisreich. Und da ich einen Fensterplatz bekommen hatte konnte ich mich, an der wunderbaren Landschaft kaum sattsehen. Die Landschaft wurde ständig farbiger, sonniger, wärmer und die Bläue des Himmels ließ mehr und mehr erahnen – es war Frühling im Tessin.
In Locarno kannte ich mich von früheren Reisen aus und fand die Bushaltestelle sofort, denn Vergio war mein Ziel. Der Weg zum Haus der Freundin war von blühenden Sträuchern und Palmen gesäumt, die Natur schon erwacht. Es war Mitte Februar.
Die Nachbarin meiner Freundin Sonja übergab mir den Schlüssel für das Haus. Dort konnte ich nur staunen, denn in der Küche war eine Tafel für mich bereitet. Weintrauben, Feigen, Südfrüchte, Äpfel, Bananen und Walnüsse waren zum Still-Leben arrangiert.
Käse, Schinken und diverse Getränke standen ebenfalls bereit. Das Köfferchen und der Rucksack waren schnell ausgepackt. Nach dem Essen und einem Gläschen vom Roten übermannte mich der Schlaf. Mir träumte, dass ich bei Eis und Schnee im Centovalli, im Tal der Kunstmaler wanderte, sah im Traum. die einzigartigen Schornsteine und die Häuschen mit den Granitdächern.

Am Morgen wurde ich unsanft vom Klang der Glocke der kleinen Kapelle des Ortes geweckt. Erschrocken meinte ich, das Malpapier und die Farben vergessen zu haben. Zum Glück nur im Traum. Kater Moses miaute erbärmlich neben mir, brachte mich in die Wirklichkeit zurück, er wollte hinaus in den Garten. Gut für ihn zu sorgen war selbstverständlich für mich.

Nach einem gemütlichen Frühstück konnte mich nichts mehr halten, gestärkt an Leib und Seele lief ich hinaus in den Morgen. Noch Vormittag, der nahe Fluss sang perlend, sprudelnd sein Lied. Die weißen Steine am Ufer glänzten im Sonnenlicht. Weiter oben am Hang blühten Primel und Krokusse, Gänseblümchen zitterten vom Morgentau geweckt. Obwohl ich schon mehrmals in der Gegend war, sahen meine Augen alles wieder neu.

Weinbergtreppen an den rötlich schimmernden Bergen, blühende Mandel- und Feigenbäume am Weg strahlten mich an. Wo sind hier die Menschen? Vielleicht in den Häusern oder sie gehen einer Arbeit nach. Ich vermisste sie an diesem friedlichen ersten Morgen in Vergio nicht.

In Bahnhofsnähe setze ich mich auf eine Holzbank, sie hatte keine Lehne, ist aus einem Baumstamm gearbeitet und denke an den Schriftsteller Hermann Hesse. Seit Jahren lese ich seine Gedichte, empfange seine Gedanken, auch die traurigen, besinnlichen, sehe ihn bei Nebel im Maggiatal wandern.

Sein Gedicht >Wenn du die kleine Hand mir gibst…< kann ich im Schlaf aufsagen. Darin ist so viel Liebe zu erkennen, und nun fühle ich seine Hand in der meinen. Mein Herz klopft verdächtig schnell. Ein Spaziergang mit Hermann Hesse? Ein Tagtraum?

Verträumt, gesättigt vom Einatmen der Natur, gehe ich den Weg zum Haus zurück.

Zum Ausklang des Tages auf der lauschigen Terrasse sitzend, fordert der Kater Moses erneut seine Streicheleinheiten.

In der beginnenden Stille senden die nahen Berge das Abendgebet zu den Menschen in das Tal. Nach dem Beginn der Dämmerung leuchten die vielen Sterne am hohen Himmel, die Galaxie ist schemenhaft zu sehen.

Am nächsten Morgen geht meine Wanderung zu der Kapelle des Ortes. Leichten Fußes komme ich zu einer großen Bauernwiese mit den erwachenden Himmelsschlüsseln, Veilchen und kleinen Narzissen im Moos-Bett. Schön, dass die Bauern das Moos und Kräuter in Fülle wild wachsen lassen. Der Frühlingswind wiegt die Gräser vor sich her, aus meinem Mund erklingt eine leise Melodie. Traurig, schwermütig, überwältigt mich der Gedanke: Wo bin ich zuhause, wo kann ich glücklich sein. Als hat mich Gott erhört, fliegt eine Taube auf mich zu. Mir fällt das Kinderlied vom Vogel ein, er bringt der Mutter einen Gruß, auch ich kann ihn nicht begleiten. Auf dem weiteren Weg bedecken Sand und Steine den Anstieg zur Kapelle. Oben angekommen schaue ich zu den noch schneebedeckten Bergen, zum blauen Himmel ohne Wolken.

Bei einem Rundgang um die kleine Kapelle, sehe ich die weiß-rosa und rot blühenden Kamelien, am Gitter des Gebäudes aus grauem Gestein. Mein Malerherz fängt an zu jubilieren, die Farben mit dem Pinsel verteilen sich ohne Mühe auf das Büttenpapier.

Die Seele malt abgewandt vom Gegenstand mit allen Sinnen, Lust und Freude, das Schauspiel der Natur. Wie immer, wenn mich die Mal-Wut packt vergesse ich die Welt um mich herum. Verzaubert und erfüllt vom Tag gehe ich zurück in das Tessiner Haus und nehme mir vor, bald einmal nach Ascona zu fahren, natürlich mit Mappe und Zeichenblock.

14

Wandern in der Erinnerung an Hermann Hesse und an seine kleinen, farbigen Aquarelle. Vom Bahnhof in Vergio fahren stündlich Linienbusse in die nähere Umgebung. Meine Tagesfahrt beginnt am frühen Morgen und ist eine kurze interessante Fahrt durch die Tessiner-Landschaft.

Die Bushaltestelle in Ascona liegt oberhalb des Ortes, der Blick über den Lago ist beeindruckend für mich, bei jedem Wetter. Durch enge, typische Tessiner Gassen mit malerischen Häusern und schmucken Vorgärten gehe ich fröhlich zum Platz mit den vielen Restaurants. Mein zweites Frühstück besteht aus einem Hörnchen und heißer Schokolade. Die Stühle sind gepolstert und reichlich mit Decken gegen die Morgenkühle bestückt. Am ganzen Ufer stehen riesige Kastanienbäume, sie blühen noch nicht, man sieht jedoch die Ansätze, in hellem Grün, traubenförmig leuchten.

Vor Jahren weilte ich an diesem Platz, im gleichen Lokal mit drei Malerinnen aus Deutschland. Das gemütliche Lokal wurde sofort unsere Stammkneipe. Es war Herbst im Tessin und das Fest der Maronen. Ganz Ascona war geschwängert, erfüllt vom Aroma der gerösteten Kastanien.

In Gedanken an den erfolgreichen Malaufenthalt, nehme ich wieder den großen Skizzenblock zur Hand und zeichne zügig, den Himmel über mir, mit den aufziehenden dunklen Wolken. Erste Regentropfen bilden Kreise auf dem Lago Maggiore, das Wasser glitzert im Abendlicht. Es wird kühl, schnellen Schrittes laufe ich zur Bushaltestelle. Auf der Rückfahrt über Locarno bewundere ich die Unentschlossenheit des Wetters, und die nun aufregenden, wechselnden Bilder der Natur, sie machen mich nicht traurig. Lustig fahre ich in mein vorübergehendes Zuhause nach Vergio.

Da es auch im Haus abgekühlt ist, verbringe ich den Abend mit Kater Moses und mit klassischer Musik am Kamin.

Nach einem Tag im Haus mit Malen und Zeichnen, drängt es mich wieder hinaus, in die unerschöpfliche, mir neu erscheinende Natur. Mit dem Gedanken, dass die Natur nicht lügen kann, fahre ich noch einmal nach Ascona, es ist strahlender Sonnenschein und ein Himmel zum Verlieben. Dieses Mal nur mit leichtem Mal-Gepäck, einfach nur letzte Eindrücke sammeln, denn auch dieser Aufenthalt würde einmal zu Ende gehen – müssen.

Ohne Unterbrechung gehe ich langsam durch die Altstadt von Ascona, in die Richtung >Monte Veritas<. Der beeindruckende Berg, wird sinngemäß, >Berg der Wahrheit< genannt. Es ist ein steiler, steiniger Weg, jedoch sehr gut ausgeschildert. Der Berg liegt in 321 Meter Höhe im Schweizer Kanton Tessin. Zum Glück sind nur wenige Touristen unterwegs, ich liebe die Stille fern der Straße, gehe vom Weg ab und bestaune uralte, verwundete Bäume. Das herabgefallene, vertrocknete Holz von dem Gebüsch und den Sträuchern, ist als Unterschlupf den Tieren überlassen worden.

Gespannt sehe ich dem Gipfel des bekannten Berges und den Gebäuden entgegen. Farbige Tafeln aus Holz oder Metall erzählen die Geschichte der Örtlichkeiten. In den ersten Jahrzehnten des 20. Jahrhunderts, war der Berg ein beliebter Treffpunkt von vielen Malern, Schriftstellern, Musikern, und Pazifisten unterschiedlicher Couleurs, Lebensformen alternativer Bewegungen. Endlich oben angekommen, setze ich mich auf eine Bank am Teehäuschen. Seit 2006 gibt es den Tee-Park. Mir wird seltsam, rätselhaft zu Mute. Ein undefinierbarer Zauber liegt in der Luft. Wispernde Stimmen von zahlreichen Bäumen erreichen meine Sinne. Sie erzählen mir ihre erlebten Geschichten.

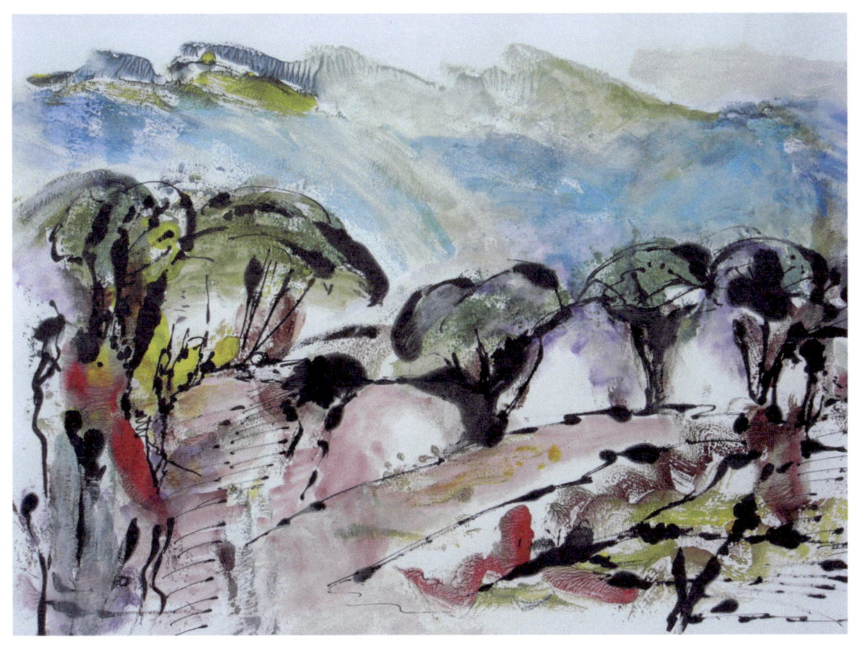

>Im Tessin< Aquarell und Tusche

Die Geschichten von den Künstlerinnen und Künstlern, die sich im Grase unter Bäumen lagerten, ihre Gedanken und Wünsche gen Himmel schickten, auf eine bessere, friedvolle Welt hoffend.

Ich nehme den Duft von mir unbekannten Kräutern wahr, breite ein buntes Tuch aus und überlasse mich der Natur ganz, empfinde die Welt ist schön, was kann mir schon passieren.
Hier und heute bin ich behütet, nicht einsam, noch immer hält ER meine Hand.

Garten der Erinnerung

Es kam mit der Morgenpost: Ein ganz normal aussehendes Paket in braunem Packpapier und verschnürt mit derber Doppel-Schnur. Es unterschied sich in nichts von den Tausenden anderen Paketen, wie sie Postboten tagtäglich austragen. Mit diesem hatte es eine besondere Bewandtnis, eine ganz besondere. Auf den zweiten Blick, gab es für mich einen kleinen Unterschied, die Briefmarke aus Frankreich. Aus diesem Land bekomme ich seltener Post und überhaupt, erwartete ich kein Paket oder ein Päckchen aus der Provence. Um mein begonnenes Frühstück zu vollenden, legte ich das ziemlich schwere Paket vorerst in den Flur. Das war gut so, wie sich im Nachhinein zeigte. Nach Abräumen des Frühstücks-Tisches holte ich das Paket aus dem Flur. Wieder ein Staunen, kein Absender, der Poststempel zeigte nur die Direktion Avignon.
Wer schickte mir ein anonymes Paket? Sollte ich es öffnen? Da war doch einmal eine Geschichte mit einer Paketbombe.

Hastig und unruhig geworden zerschnitt ich die Doppelschnur. Zum Vorschein kam ein grauer stabiler Pappkarton. Die Kanten des Deckels waren mit Paketklebeband verschlossen. Auch das Klebeband zerschnitt ich hastig und wurde immer aufgeregter. Jetzt sah ich einen Brief, der mit einem roten Siegel verschlossen war. Mir dämmerte etwas über den Absender.

Es war das Siegel meiner Freundin aus Séguret. Dort weilte ich fast jeden Sommer, seit vielen Jahren, für einige Wochen. Auch in diesem Jahr konnte ich im Atelier und in der Landschaft der Provence malen. Inzwischen ist der graue, neblige November, hier in Nord-Deutschland eingekehrt.

Jetzt sah ich die Dose, oder was ich, dafürhielt. Sie war honiggelb und in Vasenform, mit einem Deckel aus Keramik der Provence.

Vielleicht ein Geschenk mit Honig oder mit Oliven, ging es mir durch den Sinn. Den Brief hatte ich zur Seite gelegt und befreite das Gefäß von einer durchsichtigen Plastikhülle. Nachdem ich das Klebeband zwischen dem Deckel und dem Gefäß abgelöst hatte, öffnete ich vorsichtig. Was sollte denn das sein? Sand und dazu noch schmutziger. Ich liebte den rötlichen Sand und griff hinein. Zwischen den Fingern fühlte ich grobe und feine Körnchen und Stöckchen. Etwa Knöchelchen? Ein Schauer nach dem anderen lief mir durch alle Glieder, ich musste mich setzen.

Nun endlich öffnete ich das Siegel des Briefes und las. Er war von meiner französischen Freundin Julie. Blitze zuckten durch meinen Körper, mir wurde heiß und kalt. Ich schämte mich meiner großen Vergesslichkeit. Gut, dass ich allein war und mich kein Mensch in dieser Situation sehen konnte. Wie konnte ich nur Minka, meine französische, junge Katze vergessen.

Vor einigen Jahren, als ich einen Abendspaziergang über den Berg von Séguret machte, war sie mir zugelaufen. Sie war winzig klein, ihr Fell ganz weich und weiß, und hatte ein schwarzes Pfötchen. Zitternd vor dem Hunger und der Kälte, ließ sie sich von mir nicht abschütteln. Sie lief einfach mit mir mit. Zuerst versuchte ich es mit gutem Zureden, erzählte ihr, dass ihre Katzenmama sie suchen würde. Später schrie ich sie laut an, es half auch nicht, ich musste sie mitnehmen. Für eine Nacht ließ ich sie in meinem Gartenzimmer. Danach fand ich eine Lösung. Ich baute ihr ein Katzenhäuschen aus einer alten Obstkiste und stellte es neben die Eingangstür in den Garten. Von da an nannte ich sie Minka. Meine Freundin war ärgerlich darüber, denn sobald ich abreisen würde, hätte sie die Pflege und Sorge für Minka. Und nicht nur für diese. Im Ort gab es viele ausgesetzte und wilde Katzen.

Einige Jahre ging es gut mit Minka und mir. Wir hatten große Freude, wenn ich in Séguret weilte. Bei meinem letzten Besuch im Sommer war Minka abgemagert und hustete erbärmlich. Es tat mir so sehr leid. Auch der Tierarzt konnte ihr nicht helfen, er meinte, es sei eine übliche Katzenkrankheit. Das machte mich traurig, auch wenn ich Minka nur einige Wochen im Jahr betreuen und mal verwöhnen konnte. Am Tag meiner Abreise legte ich meiner Freundin Julie nahe, sich ganz besonders um Minka zu kümmern.

Wie gern hätte ich Minka mit nach Deutschland genommen. Es ging aus vielen Gründen nicht. Und nun, wo sie krank war, hätte es noch mehr Schwierigkeiten gegeben. Ich schlug Julie vor, wenn Minka es nicht schaffen würde gesund zu werden, sie unter dem Granatapfelbaum in Langlets-Garten zu begraben. Julie meinte, das könnte sie auf keinen Fall tun, dort wühlten die Katzen des Ortes immer den Boden auf. Dieser Gedanke gefiel mir natürlich auch nicht. Es gab noch eine Diskussion über Beerdigungen von Menschen und Tieren in Frankreich. Sie würde in meinem Sinn auf alle Fälle alles für Minka tun, versicherte mir meine Freundin zum Abschied, auf dem Bahnhof in Avignon. Das war im Juli.
Nur einmal noch, im September schrieb Julie mir von Minka. Sie war mit ihr bei einem Tierarzt gewesen. Es gab keine Hoffnung für die Genesung meiner Katze. Durch meine vielen Aktivitäten und Verpflichtungen in Deutschland, hatte ich Minka vergessen und wähnte sie in guten Händen. Jetzt, bei dem Anblick des Paketes, mit dem Gefäß, kam mir alles wieder in den Sinn. Besonders das letzte Gespräch in Séguret, mit meiner Freundin Julie.

Sie hatte mir davon erzählt, dass man in Frankreich die Urne mit der Asche der Verstorbenen, mit nach Hause nehmen könnte.

Oft, wenn keine Grabstelle vorhanden ist, oder gewünscht wäre, müsste man die Urne mit nach Hause nehmen.

Man kann die Urne im Garten vergraben, oder in die Wohnung in ein Regal stellen. Wenn man möchte, kann man sie auch in den großen Garten der Erinnerung bringen. Solche Gärten gibt es in der Provence an mehreren Orten, auch in der Stadt >Orange<.
Die Angehörigen können am Morgen die Asche der Verstorbenen verstreuen. Auf Sträuchern, dem Rasen und auf Wegen, ist immer ein weißer Schleier zu sehen.
An all das musste ich nun wieder denken. Die Tränen liefen über meine Wangen. Was sollte ich mit Minkas Asche tun?
Vielleicht gäbe es in Deutschland irgendwo auch einen Garten der Erinnerung.

In der Provence

Und wenn ich nur säße und träumte –

so malte ich doch.

Keinen Blick meine Seele versäumte,

die Farben - ich mischte sie noch.

Der Himmel, die Sonne, die Erde –

bestimmen den Lebenslauf.

Ganz leise vernehme ich die Worte

ES WERDE - so höret es nimmer auf.

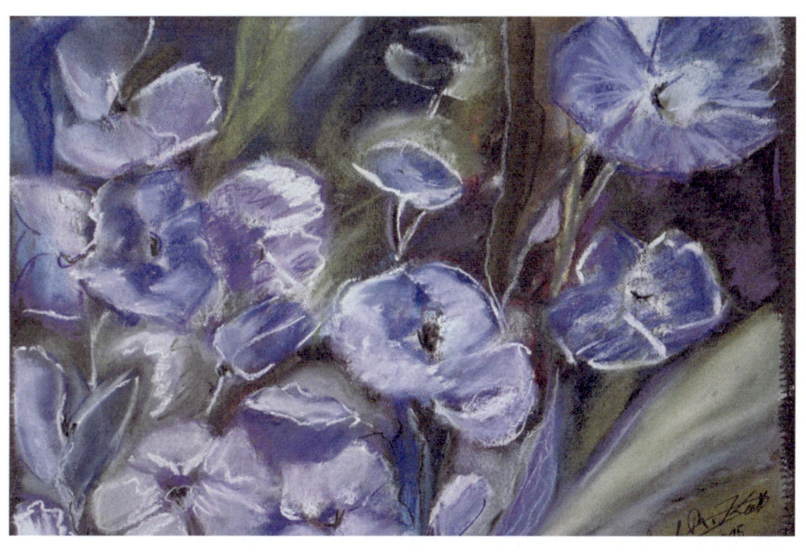

>Blaue Mohnblüten am Weg< Pastell

Wollgras

Das Fenster war weit geöffnet, der laue Frühlingswind ließ die Fenstervorhänge erzittern. Angesteckt vom Duft der Blumen und den Sträuchern im Garten, überlegte Laura nicht lange und kam zu dem Entschluss, nicht in die Hochschule zu gehen.

 Sie ging aus dem Haus, es waren nur wenige Schritte zu gehen, bis zum Südsee in Melverode. An diesem Morgen, waren nur wenige Spaziergänger unterwegs, dass liebte die junge Frau. Jung, jedoch nicht an Jahren, sie war 45 Jahre alt, hatte ein Aussehen und die Ausstrahlung wie ein junges Mädchen. Schlank, mittelblondes langes Haar, dunkel- braune Augen. Da sie nach der gegangenen Ehe endlich studieren konnte, wurde sie von Tag zu Tag jünger. Laura lebte und spürte den neuen Anfang mit allen Fassetten des Daseins. Mit offenen Augen betrachtete sie das lebendige Seeufer. Wasserlilien, Schilf und Dotterblumen, die sie so gern mochte, nickten ihr zu. Da sie am Abend eine Einladung zu einem älteren, bekannten Maler hatte, pflückte sie aus dieser Fülle einen großen Strauß. Als sie diesen am Abend überreichte, war der Maler so erfreut, dass er Laura spontan umarmte. Lächelnd nahmen es die anwesenden Gäste zur Kenntnis. Erich, der Maler, war als sehr scheu und zurückhaltend bekannt. Laura begab sich strahlend, lächelnd zu den anderen Gästen.

Bei Kerzenschein, Wein und guter Musik, saßen sie gemütlich beieinander. Dann kam Er. Auch ein Maler, Laura kannte ihn noch nicht. Er stellte sich vor: „Was machen Sie, auch Kunst?" fragte er mit angenehm, leiser Stimme. Lauras Antwort: „Ich studiere >Freie Kunst< an der HBK - Braunschweig, bei Professor Peter Voigt." Jetzt wird er gleich fragen, wie das geht in meinem Alter, oder wie alt ich bin, waren ihre Gedanken.

Es kam jedoch nichts mehr und sie betrachtete ihr Gegenüber. Er war mittelgroß und hatte einen verwirrenden, dunkelbraunen Lockenkopf und wie sie meinte, schwarze Augen. Diese Augen blickten sie unentwegt an. Sie sah das Schimmern im Dunkelbraun und hatte die Vorstellung, in einen tiefen See zu blicken.
Später, beim Abschied, bat er um Ihre Telefonnummer. Noch immer verwirrt, gab sie ihm ihre selbst gestaltete Visitenkarte.

In Gedanken kam Laura nicht von ihm los. Auch nicht, als sie am nächsten Abend mit ihrer Freundin zum Schwimmen war. Inge war sehr neugierig, und wollte immer alles genau wissen, auch von der Einladung bei dem Maler. „Laura, Laura, ich habe Dich etwas gefragt, wo bist du mit deinen Gedanken," rief sie eindringlich und sehr laut. Laura tauchte erschrocken auf, sie war tatsächlich untergetaucht. Nicht im Schwimmbecken, sondern noch immer in den Augen von Klaus.

Sie schilderte ihrer Freundin den interessanten Abend, konnte jedoch nicht verbergen, dass da etwas passiert sein musste. Ihre Augen strahlten, auch wenn sie sagte, dass sie gar nichts erwartete. Außerdem war er mindestens zwanzig Jahre jünger.
Wieder zurück vom Schwimmen, klingelte das Telefon, Klaus meldete sich: „Es lässt mir keine Ruhe, ich möchte Sie gern sehen und mit Ihnen über Ihr Studium sprechen, wann könnten wir uns treffen?" Zögerlich und leise antwortete Laura. Zuerst mit vielen Ausflüchten, doch am Ende sagte sie einem Treffen für den nächsten Tag zu. Es dunkelte schon, als Laura an der Haltestelle Riddagshausen am See, aus dem Bus stieg. Der Duft von Wasser und Erde erfüllte die Abendluft.
Klaus begrüßte sie mit einer Rose, die rot war: „Können wir nicht Du sagen, wir sind doch beide Künstler?"

Laura errötete sichtlich: „Du, ja, doch eine Künstlerin bin ich nicht, Künstler sind für mich immer etwas ganz Großes."

„So wie ich, sagte er lachend." Das ist gut so, mit dem Du ohne Kuss und Brüderschaft, dachte Laura im Weitergehen. Sie gingen um den See und Klaus erzählte, wie oft und gern er dort weilte. Zum Betrachten und Skizzieren der Landschaft, der Bäume, des Himmels mit und ohne Wolken. Die Bäume waren immer das Hauptthema in seinen Zeichnungen und Graphiken.

Im Dunkel der anbrechenden Nacht, fuhr er Laura nach Hause. Sie verabredeten sich für den nächsten Samstag. Klaus hatte einen Ausflug in den Harz vorgeschlagen. Schon halb im Schlaf dachte Laura an Klaus. Auch daran, dass sie eine Wegzehrung für den Ausflug zubereiten wollte. Salate, Obst und Käse.

Der Samstag war endlich da. Freudig erregt stieg Laura in das Auto von Klaus. „Du kannst mir während der Fahrt gern etwas von Dir erzählen. Wie Dein Leben so war, mit einem Mann und Kindern." Zögerlich und nur wenig erzählte Laura davon. Viel mehr von ihrer Ausbildung an der Kunsthochschule. Als Klaus nach einiger Zeit das Radio einschaltete, leise klassische Musik erklang, schaute Laura nur noch in die Landschaft. Blauer Himmel, Sonne und das Grün von Bäumen und den Sträuchern in vielen Abstufungen, ein besonderer Maler war am Werk.

Klaus unterbrach die Stimmung: „Heute zeige ich Dir meinen Lieblingsplatz, in Richtung Oder-Brück. Sehr oft komme ich hierher. Du wirst sehen, Natur pur, Schöpfung eben."
Sie kamen zu einem Parkplatz. Das Picknick war leider nur kurz, denn Klaus drängte zum Aufbruch. „Wir gehen zu Fuß weiter, auch einmal durch einen Fluss, wenn Du das möchtest, ich finde es himmlisch."

Laura kletterte an seiner Hand über die mit Moos bewachsenen Steine, durch das flache Flussbett. Danach verlief der Pfad weiter nach oben und endete an einer großen Lichtung. Beim verlassen des Waldes bot sich ihnen ein unvergessliches Bild. Das Wollgras blühte auf einer großen Fläche, die von einem kleinen Inselchen unterbrochen wurde. Nur wenige Bäume und Büsche wuchsen im Moor. Es war still, nur ab und an war ein Vogellaut zu hören.

„Traust Du Dich?" Klaus stellte sich vor Laura und umfasste sie mit beiden Händen. Laura sah das Leuchten in seinen Augen:

„Was soll ich mir zutrauen?" Er zog sie fest an sich und sprach auf sie ein: „Mit mir hier und jetzt durch den Sumpf, barfüßig über die Moorwiese zu gehen." „Wenn du mich führst", Laura löste sich aus seinen Armen. Peinlich, dachte sie, warum habe ich nur die pinkfarbene Latzhose an. Nicht einmal die Hosenbeine können nach oben geschoben werden. Und ausziehen, unmöglich, dann stehe ich im T-Shirt da. Mit einem Lachen verscheuchte sie die Gedanken und nahm die Sandalen in die Hand. Es war ein sehr gutes Gefühl, als die Füße in das Moor tauchten, auch wenn die Latzhose nass wurde. Klaus suchte ihre Hand: „Wir müssen von Insel zu Insel springen, sonst versinken wir für immer im Moor", waren seine Worte. Laura fasste zu, gut, dass ich wenig wiege, er kann mich halten, dachte sie und überließ ihm die Führung.

„Es ist herrlich mit Dir, mir ist so leicht, danke." Mit einem Sprung, erreichten sie eine kleine Insel mit einem Stein und einer jungen Birke. Unschlüssig blickte Laura gen Himmel, als Klaus leise, bittend sprach: „Dieses Inselchen kann uns tragen und der Boden scheint trocken zu sein. Komm, wir legen uns in die Sonne und ruhen ein wenig aus." Was könnte mir schon passieren, dachte Laura und legte sich auf die ausgebreitete Jacke.

Den schönen Tag einfach zu erleben und zu genießen, war nun ihr Gedanke. Sie lag auf dem Rücken, Klaus schob seinen Arm unter ihren Nacken und begann langsam und ganz zart, ihren Körper zu ertasten. Eine wohlige Wärme ergriff sie. Weit, weit über ihnen wölbte sich der blaue Himmel, mit wenigen Wolken. Die Wolken schwebten wie Zuckerwatte über der Wiese, mit dem Wollgras, das Laura zum ersten Mal im Leben sah. Als sie sich küssten, hatte sie vergessen, dass sie sich nie wieder verlieben wollte. Später sagte Laura zu Klaus: „Macht es Dir etwas aus, dass ich viel älter als Du bin?" Ihre Blicke trafen sich.

„Habe ich Dich gefragt, ob es Dir etwas ausmacht, dass ich jünger bin?" Dabei nahm er Laura fest in seine Arme und sagte:

„Schau zum Himmel, der Tag ist so schön, so schön um zu sterben, das ist ein indianisches Sprichwort.

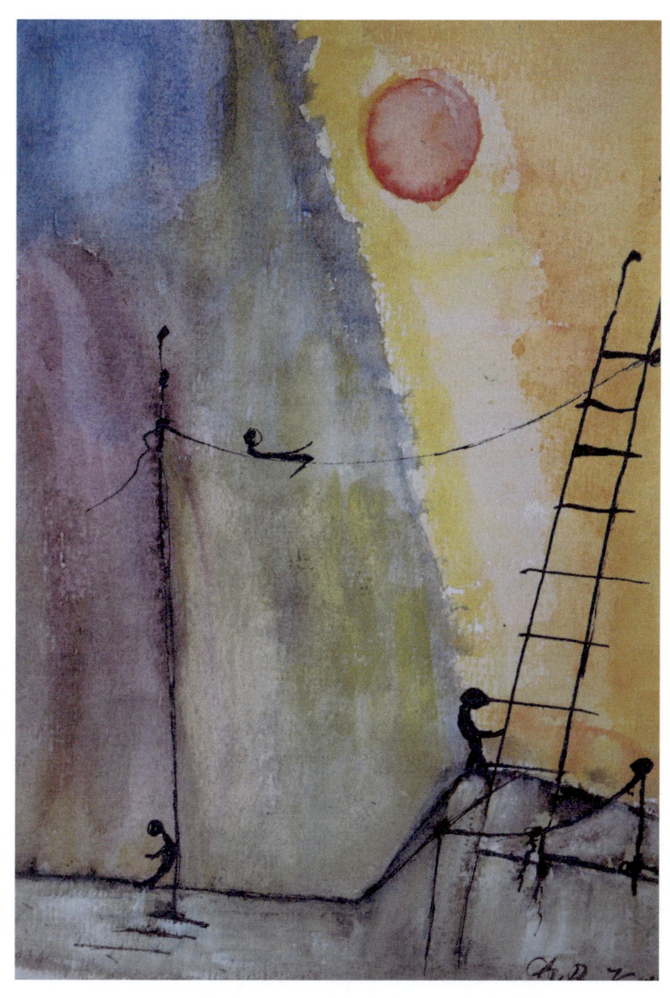

>Lebenslust< Aquarell und Tusche

Der Krauter

Was eine kleine Rose bewirken kann

Es war ein außergewöhnlicher Tag im August, was der sonnige Morgen versprach, hielt bis zum Abend an.
Laura arbeitete am Vormittag in der Akademie auf der Hohen Festung Salzburg. Der Kurs >Malerei nach Art der Alten Meister< war bisher ein Erfolg, Freude und harte Arbeit zugleich. Nun freute sie sich auf ein ruhiges Wochenende. Samstags war nur bis 13 Uhr Unterricht und der Nachmittag frei für Unternehmungen, oder einfach nur um auszuspannen und neue Ideen und Kräfte zu sammeln. Nach dem Verlassen der Atelierräume schlenderte Laura zur Zahnradbahn. Je näher die Station in Sicht kam, desto lauter wurde das Stimmengewirr der Touristen. Alle wollten immer so schnell als möglich hinauf zur Festung und danach wieder schnell hinunter in die Stadt Salzburg fahren. Laura spürte das Gedränge unangenehm im Rücken, ohne jedoch berührt zu werden. Wie oft in den letzten Tagen, beschloss sie deshalb lieber zu laufen.
Trotz des Rucksackes, der schwer auf den Schultern lastete, begab sie sich zum Fußweg, der in die Stadt führte. Auf die vollbesetzte Bahn konnte sie gern verzichten. Die Menschen hinter sich zurücklassend, bewältigte sie beschwingt, den unbequemen Sand-Weg nach unten, in die Innenstadt.
Bei dem Betreten des Domplatzes, überkam sie plötzlich eine Ferienstimmung. Laura atmete die Luft des Sommertages tief ein und ließ sich im Strom der Stadtbesucher treiben. Ihr Weg führte durch die Judengasse und die Salzgasse bis zum Marktplatz, wo geschäftiges Markttreiben herrschte. Es war Mittag und Schluss des Marktes für diesen Tag. Die Besucher gingen nach Hause.

30

Eifrig wurde aufgeladen, eingepackt und gesäubert. Marktluft, die Düfte von Kräutern und Esswaren strömten über den Platz. Sie liebte diese Atmosphäre. Die Pfiffe und Rufe der Marktfrauen und der Männer hallten durch die engen Gassen der Marktstände. Aufgeregte Bürger oder Touristen wollten wie immer noch in letzter Minute, das Obst, Gemüse, Blumen und andere Waren einkaufen. Sie handelten und debattierten in den verschiedenen Sprachen und Dialekten mit den Verkäufern.
Laura erfreute sich am Dialekt der Österreicher. Für sie, die aus Norddeutschland kam, war es wie eine andere Sprache.

Sie ging zu den schon stark geplünderten Blumenständen und scharrte mit ihren leichten, Ledersandalen, in den weggeworfenen Abfällen von Blumen und Zweigen. Das musste für die vorüber - gehenden Betrachter, ein lustiges Bild sein. Laura war eine junge Frau von fast vierzig Jahren, mit langen wuscheligen, braunen Haaren, die sie zu einem Mozartzopf gebunden hatte. Sie trug ein Kleid aus blassblauem Leinen, das zu groß für sie wirkte.

Unpassend dazu der schwarze, lederne Rucksack. Viel jünger und mädchenhaft sah sie aus. Ein kleinerer Blumenstand hatte es ihr angetan. Auf dem feuchten Boden, zwischen den Stängeln und Blättern, sah sie eine Rose liegen. Rot leuchtend, unversehrt und eingebettet in viel Grün. Laura bückte sich blitzschnell und nahm die weggeworfene Rose an sich. Ebenso schnell verließ sie lachend den Marktplatz. Eine gelassene Fröhlichkeit erfüllte sie nun ganz und gar. Auch das Gewicht des Rucksackes, der mit Malutensilien gefüllt war, hatte sie längst vergessen. Im Gehen entfernte sie die Dornen der roten Rose und stand unvermutet, plötzlich vor dem Marionettentheater und betrachtete das Programm. An diesem Abend sollte das Ballett >Der Nussknacker< aufgeführt werden.

Laura wusste, dass die Musik zu der >Märchen-Oper< aus dem Festspielhaus übertragen wurde. Wie immer im August fanden zu der Zeit die >Salzburger-Festspiele< statt.
Doch für eine Aufführung im Festspielhaus konnte sie sich keine Karte leisten. Einige Male gab es in der Sommerakademie Karten zu den Proben, für die Kunststudenten. Diese wurden verlost, doch Laura ging leider leer aus.
Blitzschnell kam ihr der Gedanke am Abend in die Vorstellung des Marionetten-Theaters zu gehen. An der Kasse fragte sie nach einer Karte. „Alles ausverkauft", sagte die Kassiererin und ging.
    Dann kam ein älterer Herr, in einer grünen Livree, aus dem Kassenhäuschen und ging lächelnd auf die bestürzt dastehende Laura zu. Mit lustig, zwinkernden Augen, sprach er sie in seinem Dialekt an: „Oh, Sie wollen mir eine Rose schenken, das find ich gar zu charmant von Ihnen", dabei streckte er gleich beide Hände danach aus. Sehr große Hände, registrierte Laura und stotterte verlegen: „Ja, sicher, doch eigentlich möchte ich eine Karte für den heutigen Abend kaufen." Dabei sah sie den Mann, mit ihren großen, dunkelbraunen Augen bittend an. Er sieht aus wie der längst verstorbene Schauspieler Hans Moser, ging es ihr durch den Sinn. Zumal er auch genauso nuschelte. „Na ja, vielleicht kann oder will ich Ihnen helfen, ich habe heute am Abend Dienst. Wenn eine Karte zurückgegeben wird, oder sich etwas anderes ereignet, könnte, müsste es gehen. Kommens am Abend einfach zu mir. Die erste Reihe im Parkett ist allabendlich für Ehrengäste reserviert und immer bleiben einige Plätze frei. Schad drum.
Ich könnt ja an Sie denken." „Das wäre wunderbar, doch bezahlen kann ich diese Plätze nicht", sagte Laura und richtete den Blick zu Boden, als wollte sie die Brettchen des Parkettes zählen.

Lauras Herr Moser, rieb sich wissend seine Hände und sagte:
„Ach, Erzählens nicht so ein Schmarrn. Sie haben doch die Rose für mich", grummelte er wie zu sich selbst und betrachtete dabei, genüsslich die junge Frau. Laut und herrisch, erklang die Stimme der Kassiererin aus dem Kassenhäuschen:
„Josef, du wirst gebraucht, steh nicht immer mit den Weibsleuten herum." Aha, Josef ist sein Name, vernahm Laura. Er drehte sich ärgerlich zum Kassenhäuschen um und sprach in einem Dialekt mit der Kassiererin, den Laura nicht verstand.
Noch immer verlegen und ohne Worte reichte sie ihm die Rose, die rot war, so rot wie ihre Wangen glühten und verließ schnell das Marionettentheater. Laura konnte es selbst nicht fassen, was sie sich erlaubt hatte. Einem fremden Mann eine Rose zu schenken und um eine Abendkarte zu bitten! Egal, was kann mir schon passieren, dachte sie im Weitergehen. Lächelnd spazierte sie durch den Mirabell-Garten, über eine der Brücken der Salzach, bis zu der Rainerstrasse. Die Sonne war angenehm, ein leichter Wind machte die Wärme erträglich, es roch nach dem großen Fluss und nach Sommer. Beschwingten Schrittes betrat sie das Treppenhaus des Jugendstilhauses.
Wie immer knarrten ihr die abgetretenen Holzstufen freundlich entgegen. Sie hatte noch fünf Stunden Zeit bis zur Verabredung und genügend Zeit zum Ausruhen. Für die Zeit des Aufenthaltes in der Sommerakademie Salzburg, in der >Kokoschka Schule<, hatte sie ein möbliertes Zimmer mit Frühstück gemietet.
Das Haus und das Zimmer muteten auf die moderne, junge Frau seltsam antiquiert. Das Zimmer mit Bad- und Küchenbenutzung wurde ständig an Studenten vermietet. Nicht nur zu der Sommerakademie in der Festspielzeit.

Es hatte nur ein winziges Fenster und das zum Flur. Also zu dem Treppenhaus. Die Bewohner dieser Etage und der Oberen, gingen ständig daran vorbei, hinauf und hinunter.

Als Laura bei ihrer Ankunft die Kleidung in den Kleiderschrank räumen wollte, war er verschlossen. Auf die Nachfrage weshalb, sagte die Vermieterin, in dem Schrank sind noch die Sachen des Studenten, des Untermieters, er ist in den Semesterferien und einverstanden, dass sie das Zimmer doppelt vermietete. Für die fünf Wochen des Aufenthaltes in der Sommerakademie würde es wohl auch ohne einen Kleiderschrank gehen.

An all das hatte Laura sich inzwischen gewöhnt. Das Fenster zum Flur blieb immer verschlossen und die weinroten, dicken Samtvorhänge auch tagsüber zugezogen.

An diesem Samstag wollte und konnte Laura diese unwesentlichen Dinge vergessen. Sie freute sich auf den bevorstehenden Theaterbesuch. Hoffentlich bekomme ich eine Karte für den Abend, das wäre ein Höhepunkt in meinem Salzburger Aufenthalt, dachte sie und summte vor sich hin.

Unter der erfrischenden, prasselnden Dusche, fiel ihr wieder die rote Rose ohne Dornen ein. Als sie am späten Abend, im leichten Sommerkleid, noch feuchtem Haar, das Foyer des Theaters betrat, begann ihr Herz ungewöhnlich zu rasen. An der Kasse saß wieder die unfreundlich wirkende Frau, deshalb traute sich Laura nicht nach einer Karte zu fragen. Sie schaute sich noch suchend um, als plötzlich ihr Hans Moser, auf sie zugelaufen kam. Er ergriff vertraulich ihren Arm und sagte freundlich:

„Ich bin heute der Platzanweiser und für die ersten Reihen, sowie die Logenplätze zuständig. Allerdings ist bis jetzt noch keine Karte zurückgegeben worden.

Wartens hier, das wird schon." Damit zeigte er zur Seite auf eine rote, zierliche Polsterbank.

„Ich hole Sie später hier ab, ganz sicher, auf mich können's sich verlassen", dabei blinzelte er ihr verwegen zu.

Laura setzte sich ungläubig und etwas verwirrt nieder. Würde er wiederkommen? Um sie herum ertönte das Stimmengewirr der ankommenden, festlich gekleideten Theaterbesucher.

Ein Duft von verschiedenen Parfümsorten lag süßlich schwer in der Luft. Es läutete einmal, zweimal, Laura glaubte nicht mehr an einen Einlass, als der Platzanweiser Herr Josef zu ihr trat.

„Kommens kleines Fräulein, ich bringe Sie zu Ihrem Platz. Sie werden bestimmt eine gute Aufführung genießen können, ich hatte selbst schon mehrmals das Vergnügen".

Laura zog hastig die Geldbörse hervor: „Was kostet die Karte?"

„Nix da, nun kommen's schon, die Vorstellung beginnt gleich. Sie haben übrigens längst bezahlt." Als Laura ihn fragend ansah, nickte er und flüsterte: „Wer schenkt denn einem so alten Krauter wie mir eine rote Rose!"

Sie waren inzwischen im Parkett angekommen, er drückte Lauras Hand und wies ihr in der ersten Reihe Mitte einen Platz an. Er verschwand schnell, bevor sie etwas erwidern konnte, der blaue Samtvorhang leise rauschend aufging und die Musik von Peter Tschaikowsky erklang. Zur Rechten neben Laura saß ein junger Mann, der nach dem ersten Akt leise auf sie einsprach. Sie sah ihn nicht an, nickte nur, als er sagte, wie gut er die Vorstellung und die Musik fand. „Ist doch umwerfend die Musik und die Marionetten in Lebensgröße, und wie finden Sie das Bühnenbild?" flüsterte er abermals. Erst in der Pause kamen sie in ein Gespräch und Laura dachte an den Krauter, denn der junge Mann sah ihm ähnlich und sprach den gleichen Dialekt. Könnte sein Sohn sein, dachte sie belustigt. Sie wollte nicht reden und lieber den Abend genießen.

Der junge Mann erzählte, dass er im Marionettentheater als Bühnenbildner beschäftigt sei und lud sie auf einen Kaffee in die Kantine des Theaters ein. Das interessierte sie natürlich so sehr, dass sie die Einladung gern annahm. Stolz erklärte er Laura, dass er als Bühnenbildner im Haus arbeiten würde.

Was mit einer Rose begann, wurde ein wundervoller Abend. Sie verabredeten sich für den nächsten Tag, er wollte ihr Salzburg und die Umgebung zeigen.

Sein Name war ebenfalls Josef, es war kaum zu glauben. Reich an Eindrücken ging Laura an diesem Abend in die Rainer Straße, in ihr Zimmer mit Fenster zum Flur. Für sie war es nicht nur ein Ballettabend, sondern ein Märchen, das mit einer Rose begann, die rot war. Vielleicht würde es auch mit Rosen enden, denn Lauras Studium der Malerei an der Sommerakademie Salzburg war noch nicht beendet.

Dass sie nach der ersten Woche an der >Kokoschkaschule<, in der Sommer-Akademie, von Professor Graupner in die Klasse zu Arik Brauer wechseln konnte, hat den Aufenthalt und ihre Arbeiten geprägt.

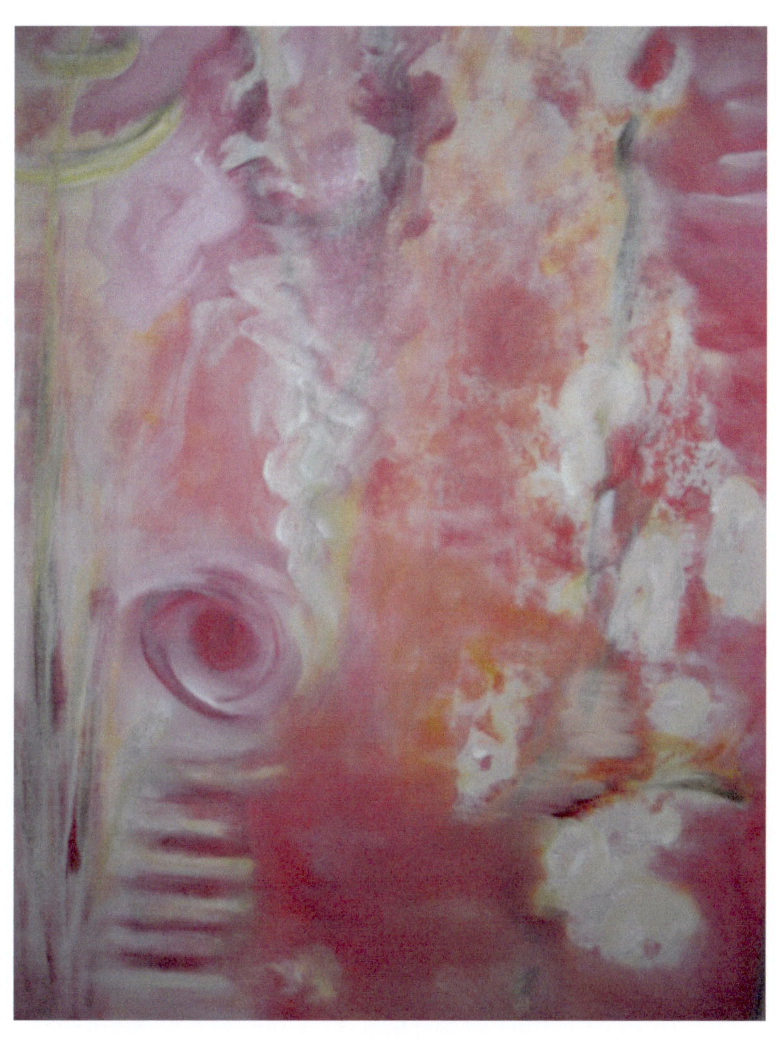

>Rosenwind< Mischtechnik

Wasserspiele

Leise, ganz leise
Erklingt ein Lied –
Von Liebe, Leid und Leben
Geben, immer nur Geben –
Ruft der >Singende Brunnen<
In Marienbad

Ein Täubchen lauscht
Möcht gerne Lieder singen –
Wer hört ihr zu
Wer wird das Futter bringen
Denkt es –
Und gurrt genüsslich weiter

Leise, ganz leise –
Geben, immer nur Geben
Flüstert der Brunnen –
Immer, immer wieder
Tag für Tag –
Seine Melodie

An der Quelle in Marienbad, gehen mir die Worte von

Gustav Mahler nicht aus dem Sinn:

Klagend „Was bleibt ist die Zeit – das Lied – die Liebe"

>Schloss-Königswart<

Schloss Metternich ist ein Kleinod in Tschechien. Sollte man es finden, ist es mit den königlichen Geschenken und Geschichte zu verbinden. Bücher, Teppiche, Gemälde in Regalen und Schränken, ein Mobiliar mit kunstvollen Tischen und Bänken.
Tausende von Büchern wurden gesammelt, große Künstler waren vor Ort. Könige, Fürsten, Musiker, Dichter und Denker.
Ulrike und Goethe hörten Musik und haben im Schloss gelesen – Die Zeit kommt und vergeht, auch das wird nie vergessen.
Beschrieben, gezeigt in Bildern und Schmuck. Aus einem Rahmen lächelt „Kaiserin Sissi" und das ist kein Druck.
Königliche Geschenke aus Europa, Afrika und Asien – in Form von Notenblättern, Gemälden, Amphoren und Intarsien.
Eine Schreckenskammer mit Folterwerkzeugen, Gift, Kräutern und Drogen in Schränken – erzählen von Unglück, Liebe und Ränken.
Die älteste Fotographie (Daguerreotypie) der Welt, 1839 von Joseph Nikephoros, zeigt als Kopie das Atelier des Künstlers und war ein Geschenk an Fürst Metternich. Jetzt ist das Original im Technischen Museum in Prag zu betrachten.
Viele Geschichten, zum Beispiel: Die Geschichten über die Fürstin Pauline Metternich und Richard Wagner, wurden in der Führung erzählt. Die junge Fürstin wurde wegen ihrer Kuriositäten und Eigenarten, nur >Mauline Petternich< genannt. Das, und weitere, interessante Begebenheiten konnte ich bei einer Besichtigung im Schlossmuseum erfahren.

Auch, dass die Fürstin >Pauline von Metternich< sehr gern auf Reisen ging und unbedingt nach Paris zu der Aufführung, der >Oper Tannhäuser< fahren wollte, um dem Freund beizustehen.
Die Oper wurde ein totaler Reinfall und die Fürstin verlacht, da sie alles organisiert und auch gesponsert hatte.
Franz Liszt weilte zu dieser Zeit ebenfalls in Paris und tröstete seinen Freund Wagner, der nach der Aufführung total verschuldet war. Die Familie Metternich sammelte viel Geld, um Wagners Schulden zu begleichen. Richard Wagner schenkte Pauline zum Trost das >Opus Schmerzen.<
>Tanja Metternich<, war die letzte Besitzerin des >Schlosses Königswart<, jetzt ist es im Besitz von Tschechien.

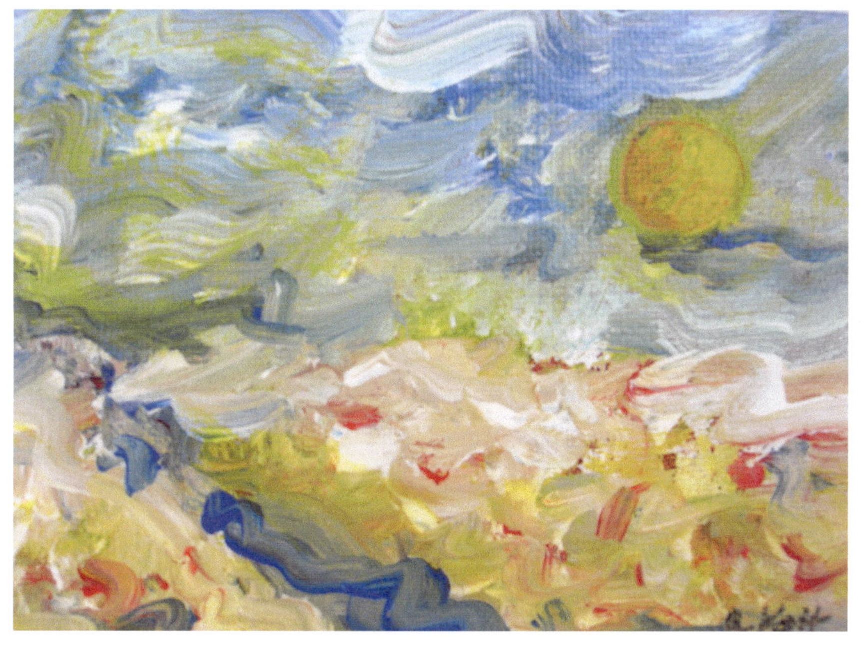

>Abendsonne< Acrylbild

Abendsegen

Es legt sich müd
Der Tag hernieder –
Die Nacht fängt still
Zu träumen an

Ein Stern verbirgt
Sein Licht im Dunkel –
Auf seiner trauten
Himmelsbahn

Die Wegwerfgesellschaft

Laura und ihr Ehemann standen an der Kasse im Supermarkt. Sie benötigten einige frische Lebensmittel für das Wochenende. Eine lange Schlange rückte langsam vorwärts. Vor ihnen in der Reihe stand Frau Lehmann aus dem Nachbarhaus. Sie sagte zur Kassiererin: „Seit meine Eltern in das Obergeschoß unseres Hauses eingezogen sind, muss ich viel mehr einkaufen. Wir versorgen sie sozusagen mit. Na, ja und zwei Personen mehr, das kostet einiges, auch an Nerven." „Sieh einmal was Frau Lehmann eingekauft hat", flüsterte Laura ihrem Mann zu. „Schokolade, Kuchen, Sahne, Zigaretten und kaum notwendige Lebensmittel." „Was geht es uns an", sagte Lauras Mann Helmut. Endlich waren auch sie an der Kasse und bezahlten ihren Einkauf. Am Ausgang stöhnte Laura: „Auch das noch, Frau Lehmanns Auto steht neben unserem." Sie ging nicht mit zum Auto. Helmut grüßte Frau Lehmann mit säuerlicher Mine. Laura hatte es vorgezogen, ein Stück zu laufen und stieg später in den Wagen ein. „Bist du ein albernes Frauenzimmer, konntest du unsere Nachbarin nicht einmal begrüßen?" „Ach lass mich doch in Ruhe, Helmut. Ich ärgere mich schon lange über diese Frau. Wenn du wüsstest, wie sie mit ihren Eltern umgeht.

Das weiß inzwischen die ganze Nachbarschaft, nur du nicht." Sie waren inzwischen, an ihrem Reihenhaus angelangt. Helmut packte die gekauften Lebensmittel aus. Das Verpackungsgut entsorgte er sofort. Sie hatten den Container mit Lehmanns gemeinsam gemietet. Helmut kam in das Haus. „Es ist mir unverständlich, dass der Container schon wieder übervoll ist", bemerkte Helmut kopfschüttelnd und setzte sich. „Mir nicht", erwiderte Laura.

„Sie gehören zu der Wegwerfgesellschaft, diese Lehmanns. Mir kommen gleich die Tränen, wenn ich das sehe." Laura seufzte: „Ganze Packungen mit Fleisch- und Wurstwaren, alles werfen sie weg. Neulich auch Möhren und Kartoffeln. Sie wissen nicht, was Hunger ist, sie haben es wohl nie erlebt und sind zu faul zum Nachdenken."

Helmut sah seine Frau von der Seite an. Er freute sich, dass sie mit ihren sechzig Jahren so heftig, gar wütend reagierte. Er liebte ihr Temperament von Anfang an. Natürlich hatte auch er registriert, wie verschwenderisch die Nachbarn waren. Seine Natur erlaubte ihm jedoch keine so temperamentvollen Ausbrüche. Er nannte sich entspannt und großzügig, was Laura auf die Palme brachte.

„Lach doch einmal Laura, wir können diese Menschen nicht mehr ändern." „Ich denke auch an Lehmanns Kinder", sagte Laura noch immer wütend. „Wie sollen sie sozial denken und für das Leben lernen? Gerade in letzter Zeit denke ich oft daran, wie schlimm es uns Kindern in der Stadt nach dem Krieg erging.

Es war entsetzlich für mich, dass ich mit meinem kleinen Bruder, auf das Land zum Betteln geschickt wurde.

Betteln, unsere Mutter nannte es Tauschen. Andere nannten es Hamstern. Sie gab uns Textilien oder andere brauchbare Sachen mit. Dafür tauschten wir Esswaren ein. Das heißt, wir versuchten es." Lauras große, dunklen Augen schimmerten verdächtig feucht. „Davon hast du mir nie erzählt. Ich habe mich immer gefreut, dass du so sparsam wirtschaften konntest." Helmut holte laut hörbar Luft. „Wir hatten es als Kinder auf dem Land besser und immer genug zu essen. Komm, wir machen es uns gemütlich. Ich hole eine Flasche Wein aus dem Keller und du erzählst mir, von der Nachkriegszeit in der Stadt."

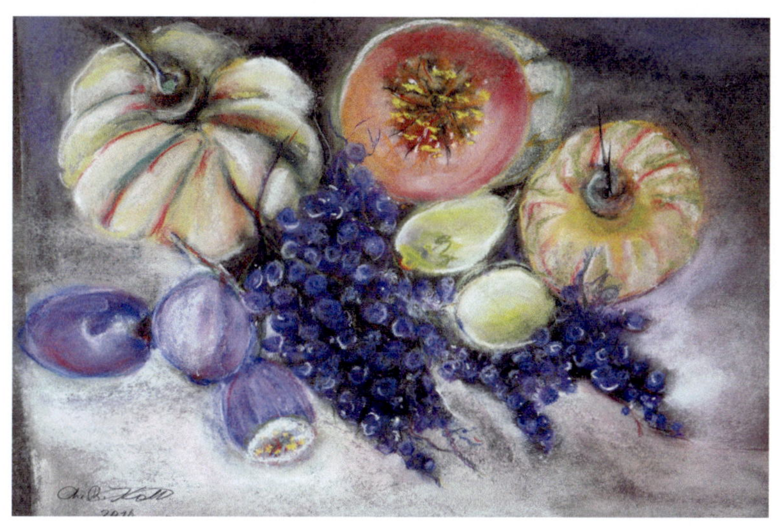

>Still-Leben< Pastell

Helmut füllte die Weingläser, im Kamin brannte ein Feuer und Laura begann zu erzählen: „Der erste Winter nach dem zweiten Weltkrieg war der Schlimmste.

Mein Bruder Rolf war sechs Jahre alt und ich Sieben. Am Morgen schickte Mutter uns aus dem Haus. Von der Stadt in das nächste Dorf, führte uns der Weg über eine Landstraße. Es war nicht uninteressant, die zerbombten Brücken zu erklettern. Sträucher am Weg wurden nach Trockenbeeren abgesucht. Die Beeren, genannt >Mehlfässchen<, schmeckten lecker. Wir Kinder hatten immer Hunger. Wenn die ersten Bauernhöfe in Sicht kamen, hatte ich Angst vor bellenden Hofhunden.

Als ich einmal an ein Hoftor klopfte, kam die Bäuerin heraus. Sie sah nicht gerade freundlich aus. Neugierig, was ich anbieten würde, war sie jedoch auch und nahm mich mit in das Haus. Ich zeigte ihr die schneeweißen gestärkten Servietten und wollte im Tausch, Kartoffeln oder Mehl dafür haben. Sie schüttelte missmutig den Kopf und erklärte, dass sie auch nicht genug zu essen hätten.

In der großen Wohnküche war gut geheizt und mager sah die Bäuerin gerade nicht aus.

Polternd kam der Bauer herein. Er streckte seine erdverkrusteten Hände über das Herdfeuer und sagte, die Frau sollte mir von der Suppe geben. Mit zusammen gebissenen Lippen füllte sie einen Teller mit Milchsuppe. Endlich durfte ich mich setzen und essen. Mir fiel mein wartender Bruder ein, doch der Hunger siegte. Die heiße, süße Milchsuppe war köstlich. Bei dem Gedanken daran schmeckt sie mir noch heute. Danach nahm der Bauer meine kleine Hand in seine raue große Arbeitshand und brachte mich hinaus. Am Hoftor steckte er mir einen Apfel zu, den mein Bruder Rolf für sein Warten gern als Trost annahm.

Weiter liefen wir von Hof zu Hof, bekamen keinen Einlass. Ein Großbauer jagte uns davon, er machte den Hund von der Kette los. Wir rannten so schnell es ging in eine Einfahrt, direkt einer jungen Frau in die Arme. Sie schimpfte über die mitleidslosen Bauern: „Gerade die Größten, reichen Bauern sind am härtesten", sagte sie. Verstehen konnte und wollte sie ebenfalls nicht, dass eine Mutter ihre Kinder allein auf die Dörfer schickte. Wir hatten ihr Herz erreicht, sie tauschte die Servietten gegen Möhren und eine große, gelbgrüne Kohlrübe ein. Schön zu sehen, wie sie für die Kartoffeln einen Bogen Zeitungspapier, zu einer spitzen Tüte drehte. Erleichtert traten wir den Heimweg an, der uns viel länger als der Hinweg vorkam. Bei Eintritt der Dunkelheit waren wir zu Hause. Stolz und erwartungsvoll legte ich die getauschten Schätze auf den Küchentisch. Es kam kein Wort des Lobes, im Gegenteil. Mutter schimpfte, dass es zu wenig sei. „Ihr taugt zu nichts, zu gar nichts", schimpfte sie. Rolf weinte, ich tröstete ihn flüsternd: „Sei doch froh, sie wird uns nicht mehr zum Betteln schicken."
Laura wurde von Helmut unterbrochen: „Das ist unglaublich, was du in der Kindheit erleiden musstest, nun werde ich dich erst recht verwöhnen." „Jetzt weißt du Helmut, warum ich kein Brot oder Brötchen wegwerfen kann und möchte.
Auch die Kartoffeln sind für mich eine bittersüße Erinnerung an diese Zeit."

Vergangenheit

Sommerregen
Erfüllet mein Herz
Gedanken –
Schauen zurück
In eine Welt –
Die weit und offen war

Mit Leid und Freud
Erlebte Jahre –
Mit Menschen lieb
Und wunderbar

Sommerregen
Erfüllt die Seele –
So – wie es
Einmal war . . .

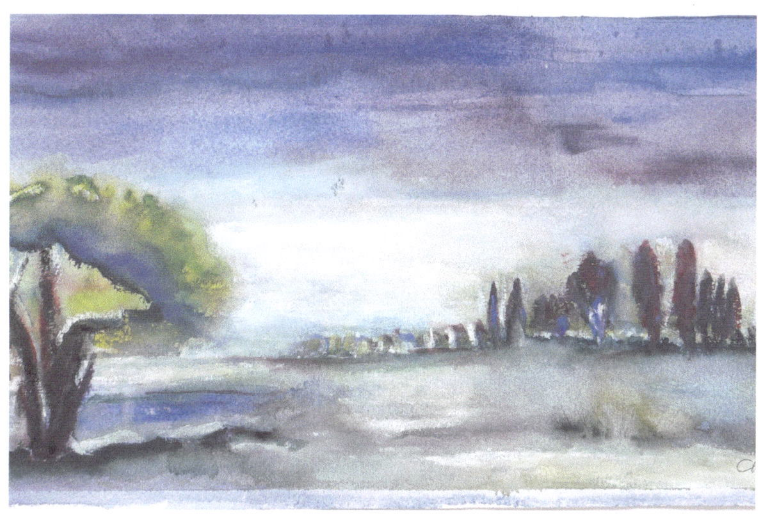

>Abendstimmung in der Provence< Aquarell

Abendstimmung

Ein Vorgeschmack auf das, was kommt. Am ersten Abend ihrer langen Reise und nach einem durchwachsenen Tag mit kurzen Regenschauern, lehnt sich die erschöpfte Künstlerin zurück.

Das Farbenspiel der schweren Wolken und der feucht duftenden Pflanzen lässt ihre Phantasie blühen. Sie lächelt und weiß, dass sie die kommenden Wochen noch viel Zeit an diesem wundervollen Ort verbringen wird.

Juliane Henning (2021)

Herbstzeitlose

Es war einmal an einem sonnigen Tag im Oktober, in einem der schönsten Dörfer der Provence. Laura erwachte vom Läuten der Glocke aus der Kapelle am Ende des Dorfes. Seltsam der Klang, das Läuten zuerst zart und leise, dann laut und lauter – wieder sehr leise, immer leiser bis nichts mehr zu hören war. Dann begann das ganze Läuten wieder von vorn – laut bis leise. Zirka fünf Minuten, schätzte Laura. Es war ein ganz besonderes Konzert, mit einem besonderen Klang.

Laura lauschte den Tönen lange nach und ihr fiel ein, warum dieses Läuten am Morgen, kaum dass die Sonne aufging und die Landschaft in Herbstgold einhüllte erklang.

Bei einem ersten Aufenthalt in Séguret hatte es ihr die Freundin erklärt. Jeder Ort in der Provence hat eine Kapelle und einen Uhrturm, meistens eine Kirche und oft ein Chateau.

Es ist der Brauch, wenn ein Bewohner des Ortes gestorben ist, die Glocke im Ort zu läuten. Zuerst erklingt der leiseste Ton, ein nächster als zerspringe ein dünnes Weinglas und weiter Glas um Glas, bis zum lautesten Ton, dann wieder leise, ganz leise bis die Glocke schweigt. Die Bedeutung des Geläutes – von der Geburt in das Leben bis zum Sterben. Laura, überwältigt von ihren Gefühlen dachte, was es für ein wunderbarer, sonniger Tagesbeginn war. Sie liebte melancholische Stimmungen. Als Malerin aus Deutschland kommend, hatte sie einen Studien- Aufenthalt für vier Wochen in der Provence erhalten. Sie war sofort angenommen und bei allen Künstlern beliebt. Voller Tatendrang, vierundvierzig Jahre jung, verträumt, schlank, mittelblond und von der Malerei besessen, gaben ihr die Künstler den Spitznamen >Mücke<.

50

Noch einige Wochen im Atelier – welch ein Geschenk, war ihr Gedanke beim Klang der Glocke an diesem Morgen.

Nach dem Frühstück mit frischem Baguette, Butter, Honig und Gelee vom Markt in Vaison-la-Romaine packte Laura die Malutensilien ein und lief hinaus in die Ebene. Im Rucksack Brot, Käse und Wein. Eine Flasche mit Wasser für das Malen mit Aquarellfarben, Pastellkreiden und Tusche. Die große Mappe mit den verschiedenen Papieren und den Malhocker unter dem Arm.

Es war kein leichtes Gepäck. Laura entschied immer erst vor Ort, welches Material das Motiv verlangte. Motivsuche gab es bei ihr kaum, immer hatte sie im Kopf, was und wie sie malen wollte und lief darauf zu. Mit offenen Augen, Ohren, Nase und Gefühlen saugte sie die Natur in sich auf. Im Geist notierte sie die passenden Motive und besondere An- und Ausblicke für weitere Bilder oder Zeichnungen in den nächsten Tagen. Oft waren es Wege von ein bis zwei Stunden zu Fuß durch die Landschaft.

An diesem Herbsttag strebte Laura singend dem Ziel Gigondas entgegen. Auf dem Weg von Séguret nach Sablet durch die Wein-Felder und weiter nach Gigondas gab es in der Natur viel zu sehen. Die Weinstöcke leuchteten in den schönsten Farben des Herbstes, Grün, Gelb, Orange bis Dunkelrot. Der Große Maler der Natur war unterwegs! Im trockenen Gras, am Rand des Weges blühten die Herbstzeitlosen in mehreren Farben. Wie Krokusse im Frühling, registrierte Laura. Ein blauer Himmel mit wenigen dicken, weißen Wolken schwebte lachend über der Landschaft.

Im Ort Gigondas ging Laura die Steintreppe mit den unzähligen Stufen nach oben zur Kirche. Oben auf dem Hügel befindet sich der Friedhof. Laura setzt sich zum Zeichnen an die ockerfarbene Sandsteinmauer, geschützt vor zu viel Sonne und Wind.

Ab und an steht sie von dem kleinen Malhocker auf, schaut ihre Zeichnung an, sieht auch die Gräber hinter der Mauer. Es sind meistens alte Gräber mit Blumenschmuck aus Keramik in den verschiedenen Farben. Wegen Wärme und Trockenheit, seltener frische Blumen oder Pflanzen. Entzückt ist sie immer wieder von den eisernen, geschmiedeten Geländern. Diese zäunen die vielen Grabstellen ein und wirken wie Gitterbettchen auf Laura.

In der Mittagszeit gönnt sie sich ein Schlückchen vom Rotwein, dazu Käse und Baguette aus der Hand, es schmeckt köstlich.

Am späten Nachmittag tritt Laura zufrieden und glücklich über ihre Arbeit, den Heimweg in das Atelier an. Bis Sablet war es leicht zu gehen, nicht zu anstrengend. Ab dem Ort Sablet, führte der Weg vorbei an Zypressenhecken, Olivenbäumen in roter Erde und Weinfeldern, stieg zum Hügel an. Dann wurde der Weg jedoch schwieriger, und sie trat vorsichtig in das hohe Gras. Durch ihre Fußtritte wurden Salamander und andere Kleintiere aufgeschreckt, sie spürten das leichte Beben der Erde. Der Weg war so eng, dass die Brombeersträucher um Lauras Beine stritten, auch stachelten oder gar an ihrem Malhemd zogen. Da sie es gewohnt war und gern diesen geheimnisvollen Weg ging, machte es ihr nichts aus.

Noch sandte die Sonne ihre heißen Strahlen zur Erde, sie küssten Lauras Wangen und die bloßen Schultern.

Bald erreichte sie die kleine Brücke über das schmale Bett des Baches, der Weg wurde breiter. Es war warm wie im Sommer und kostete Kraft, denn nun ging es nur noch bergauf.

Zurück im Atelier ruhte Laura erst einmal aus und freute sich auf den Abend. Es sollte spannend werden, denn im Atelier wurden zwei neue Künstler aus Deutschland erwartet. Um 19.30 Uhr gibt es im Atelier wie immer das große Abendessen.

Täglich fünf Gänge mit Wein, Wasser und Brot. Vor dem Essen treffen sich die Künstler und Künstlerinnen am Pinien-Brunnen und erzählen von den Erlebnissen des Tages und von der Arbeit in der Natur. Oft schwärmen sie über die neu entdeckten Motive, auf der Fahrt durch die Landschaft der Provence.

Die Künstlerinnen ziehen sich zum Abendessen festlich an, auch Laura. Fröhlich zeigen sie auf den Märkten erstandene Kleider oder auch Schmuck. Immer kommen einige Französinnen, selten jedoch die Männer aus der Nachbarschaft zur Begutachtung hinzu. Die Hausherrin hat auch an diesem Tag für die zehn anwesenden Künstler köstlich gekocht. Sie ist darin eine Künstlerin.

Maler, Bildhauer, Musiker und Fotografen, seltener Schriftsteller, konnten in Séguret für eine längere Zeit einen Arbeitsaufenthalt nehmen. Wenn die tönerne Glocke aus dem Haupthaus erklingt, kommen die Gäste aus den Ateliers der mittelalterlichen Häuser. Die Künstler setzen sich an einen der hellen Holztische, die mit honiggelbem Geschirr der Provence und Gläsern für Wein und Wasser eingedeckt sind.

An diesem Abend, noch bevor die leckere Vorspeise aufgetragen wurde, stellte Gerhard, der Sohn des Hauses, die neuen Künstler vor: Gerd und Paul, zwei junge Maler aus Saarbrücken. Gerd hat eine Professur an der Kunstschule inne und Paul ist Zöllner im Hauptberuf. Schnell kommen die Künstler in ein Gespräch und gehen nach dem köstlichen Essen in einer kleinen Gruppe durch den Ort zum Place du Midi. Vier dicke, riesige Platanen schützen den Platz vor Sonne und Mistral, dem Wind der aus dem Norden kommt. Einige der Boule-Spieler gehen im Halbdunkel, ihrem traditionellen, abendlichen Vergnügen nach. Die Neuen sind bald müde von der Anreise, suchen ihre Ateliers auf.

Auch Laura geht in ihr Zimmer auf den Mal-Boden. Es war ein langer, erfüllter, arbeitsreicher Tag in der Landschaft. Schön, denkt sie, dass die Maler aus Saarbrücken auch vier Wochen bleiben wollen, sicher könnte sie von ihnen viel lernen.

Sie studiert seit einem Jahr >Freie Kunst<. Es ist in diesem Jahr ihr zweiter Aufenthalt in Frankreich, in Séguret. Sofort hat sie registriert, dass sie von den Künstlern im Atelier durch Schauen oder Fragen mehr lernen kann, als in der Kunsthochschule in Braunschweig.

Hatte es in den vergangenen Tagen oft geregnet, so wurde es nun von Tag zu Tag wärmer, fast wie im Sommer. Der Mistral hatte den Regen besiegt und die Erde erholte sich zusehends. Die Blumen, Kräuter und Gräser zeigten erneut ihre Farben und Düfte. Ockergelb und Rosé leuchteten die Steinchen am Weg. Wie in einem Märchen, denkt Laura. Beim Frühstück am Morgen im Frühstückshaus trifft Laura auf Paul und Gerd. Alle Künstler bereiten sich das Frühstück zu, wann und wie sie es möchten.

Die Neuen erzählen, dass sie zum Zeichnen in Richtung Sablet gehen wollen. Gerd sagt: „Ich brauche dringend eine Zeichnung von den >Dentelles de Montmirail<, den >Spitzen Zähnen< und eine große Zeichnung der Ouvèzefelsen.
Hast du Lust mitzukommen, Laura?" Dabei schüttelt er seinen blonden Haarschopf in ihre Richtung. Ist der jung, denkt sie und sagt: „Oh ja, immer, denn ich zeichne sehr gern."
Inzwischen weiß Laura, dass Gerd mehrmals im Atelier war und die Gegend kennt. Fröhlich verabreden sich die drei Künstler am Pinienbrunnen für eine Tagestour. „Vergesst den Rotwein und das Brot nicht", ruft Laura ihnen nach.

Schnell hat sie ihre Materialien im Rucksack verstaut und wartet am Brunnen auf die Malkollegen. Es ist noch früh und nicht zu warm, als sie sich in Richtung Sablet auf den Weg begeben.
Gerd sucht den besten Platz zum Zeichnen der >Dentelles de Montmirail< aus. Paul sitzt hinter ihm, Laura etwas abseits, sie ist verlegen und unsicher. Was kann sie schon, sie malt und zeichnet erst zwei Jahre. Gerd steht ab und an auf, geht leise an ihr vorbei ohne etwas zu sagen. Auch Paul ist emsig bei seiner Arbeit. Wie üblich unter den Künstlern haben sie vereinbart, wer zuerst fertig mit der Arbeit ist, geht weiter oder wartet geduldig ohne zu stören auf die anderen.

Gerd ist als Erster fertig und ruft dem Freund zu, er möchte zur anderen Seite des Hügels gehen. >Wer kommt mit? Ich kenne den besten Blick auf den Ort Séguret." „Ich komme", ruft Laura zurück. Daraufhin kommt Gerd zu ihr und will ihre Zeichnung sehen, was sie verlegen gestattet. „Nicht schlecht," sagt Gerd. „Ich zeige dir noch etwas." Laura hat eine kleine Tuschezeichnung auf Büttenpapier der >Dentelles de Montmirail< gearbeitet.
Gerd zeigt ihr mit dem Deckweiß und einem dünnen Pinsel, wie die Zeichnung plastisch werden kann. Er erzählt: „Das ist >Weiß gehöht<, so hat einmal der Maler Rembrandt, an seinen exakten Zeichnungen gearbeitet."
Laura freut sich über den guten Tipp und arbeitet nach seinen Anweisungen, an ihrer Tuschezeichnung auf Büttenpapier weiter.
Sie staunt, wenn das Deckweiß die noch feuchte Tusche berührt, erscheint ein bläulicher Schimmer zwischen der Sepiafarbe und es sieht malerisch aus. Dann packt Laura ihre Malutensilien und den Malhocker zusammen und die Künstler gehen weiter in die Ebene.
Es geht bergauf und bergab, in der herbstlichen Landschaft.

Sie laufen fröhlich bis zu dem nächsten attraktiven Motiv. An dem Motiv in der Ebene angekommen, trinken sie erst einmal vom mitgebrachten Rotwein, essen Käse, Brot und Früchte. Danach geht es mit neuer Kraft und Freude an die Malerei und an das Zeichnen. Inzwischen wurde es sehr schwül, die Männer sitzen mit bloßem Oberkörper im Weinfeld. Paul ruft Laura zu: „Kommst du gar nicht in das Schwitzen? Wenn du eine Malerin sein willst, könntest du dich auch etwas freimachen.“

„Das könnte euch so passen,“ kontert Laura. Ungestört und leise Summend arbeitet sie weiter, bis die Glocke vom nahen Uhrturm den Abend ankündigt. Die Künstler packen ihre Zeichnungen zusammen und treten den Heimweg zum Atelier an. Fröhlich und erschöpft von der Arbeit in der Natur gehen sie zurück in das Atelier. Es war ein guter Tag. Bei dem gemeinsamen Abendessen, stoßen die Maler und die Malerinnen, mit dem Rotwein aus der Gegend, darauf an. Plötzlich sagt Gerd zu Laura: „Wir könnten Morgen, sehr früh in die Richtung Vaison-la-Romaine zum Malen gehen, ich kenne ein großartiges Motiv in der Ebene von Sablet. Einen verfallenen Gutshof unter riesigen Platanen. Es gibt einen singenden Bach auf dem Grundstück und daneben ein Feld mit uralten Olivenbäumen. Ich bringe Rotwein und meinen Schlafsack mit, dann können wir mittags eine Siesta halten. Wie denkst du darüber, klopfst du an mein Fenster?“ Er hatte das kleine Zimmer am Eingang des Ortes, im Frühstückshaus.

Die Künstler und die Einwohner nennen es das >Concierge-Zimmer<. Oft klopften vorbeigehende Touristen an das Fenster, um nach dem Weg zum Chateau zu fragen.
Laura sagte zu Gerd, dass sie mitkommen würde, doch sicher war sie sich nicht. Mit Gerd allein Siesta im Schlafsack?

Am Abend sortierte sie das Malmaterial. Das Papier, Farben und die verschiedenen Pinsel für den Ausflug, am kommenden Tag. Sie füllte eine Flasche mit Wasser, denn es kam vor, dass es am Morgen kein Wasser aus dem Brunnen oder der Wasserleitung gab. Lange konnte Laura nicht einschlafen. Sollte sie mitgehen oder nicht, waren ihre Gedanken.

Bei Sonnenaufgang kleidete sie sich schnell an, nahm Rucksack, Mappe und den Malhocker an sich, um heimlich das Haus zu verlassen. Es war noch nebelig, ein besonders diffuses Licht. Das Licht der Maler! Ohne an den grünen, geschlossenen Fensterladen von Gerds Zimmer zu klopfen, ging sie auf leisen Sohlen aus dem Dorf hinaus in die Ebene. Bald wurde es heller und so warm, wie am Vortag. Die vom Morgentau silbrig glänzenden Blätter an den Sträuchern und Bäumen streckten und reckten sich zur Sonne.

Es war eine Freude die erwachende Natur zu sehen und Laura malte die herbstlichen Felder in den schönsten Aquarellfarben. Sie blieb bis zum Nachmittag, sammelte Brombeeren oder pflückte die Feigen vom Baum, denn sie hatte in der Frühe kein Brot und keinen Wein bekommen können. Ermüdet dachte sie an die Siesta und den Schlafsack.

Was würden Gerd und Paul denken, warum sie allein unterwegs war? Bei diesem Gedanken begann ihr Herz schneller zu schlagen, hatte sie sich in Gerd verliebt? Konnte das so schnell gehen? Er war fünfzehn Jahre jünger als sie. Und einen Prinzen zu finden wie im Märchen, vielleicht gibt es das noch. Erfüllt und zufrieden mit ihrer Arbeit, trat sie den Heimweg an.

Wieder zurück in dem Ort Séguret schlich Laura eiligst durch die mittelalterliche Gasse in ihr Mal-Atelier. Alles sorgsam Auspacken, die Pinsel reinigen, duschen und das neue Bild begutachten.

Dann geduldig und hungrig, auf das köstliche Abendessen in Gemeinschaft der Künstler warten. Endlich wurde die Glocke aus dem Haupthaus geläutet. Der Ruf zum Abendessen erklang, Laura ging hinaus zum Brunnen, wo sich alle erst einmal versammelten. Um zu erklären, warum sie allein unterwegs gewesen war, nahm sie das neu entstandene Aquarell mit.

Als die anwesenden Künstler Laura kommen sahen, erklang der Ruf: „Zeigen, zeigen." „Bitte nicht so wild," sagte Laura und stellte die Mappe an den Brunnenrand, das Aquarell auf Bütten davor. „Mm, wo ist das?" fragte Ingrid neugierig.

„Es sind die leuchtenden, grün und ockergelb zerstückelten Felder hinter den Ouvèzefelsen. Kannst du den Duft vom Lavendel und Thymian nicht riechen? Es war ein klasse Tag," antwortete Laura.

Gerd und Paul traten zu der Künstlergruppe, betrachteten lange das Bild und blinzelten sich zu, bis Gerd seine Stimme erhob:

„Gut gelöst, ausgewogen und du hast die Farben der Provence gefunden, das ist nicht so einfach bei diesem wechselnden Licht der Provence."

„Sehr gemütlich sehen die Felder in deiner gemalten Landschaft aus, das könnte ich nicht", ergänzte Paul, der Zöllner. Das Wort >gemütlich< behagte Laura nicht, denn wieder dachte sie an den Schlafsack, den Gerd mitbringen wollte. Außerdem ist in ihren Bildern oft zu sehen, was sie nur im Unterbewusstsein gemalt hat. Gerd sagte noch wie beiläufig: „Es war gut, dass du doch lieber allein zum Malen gegangen bist, denn ich habe endlich einmal ausgeschlafen." Daraufhin überzog sich das Gesicht von Laura mit einer Röte, die nicht zu übersehen war. Gemeinsam gingen sie zum Abendessen. Fröhlich wie immer, setzte Laura sich zum Abendessen zu Paul, Gerd und Ingrid an einen der Vierertische.

An diesem Abend blieben sie länger bei dem guten Essen mit Wein und Wasser, im Esszimmer sitzen. Jeder Künstler kann seine neu entstandene >Arbeit< des Tages, im Essraum aufhängen. Oft wird darüber diskutiert und lernen kann man immer, von den anderen Künstlern und Künstlerinnen. Es ist die Hauptsache, dass sensibel dabei umgegangen wird.

In den nächsten Tagen fuhren sie einige Male zu viert zum Malen und Zeichnen in die Landschaft. Ingrid war mit dem Auto in der Provence, sie nahm die Künstler und Künstlerinnen gern mit.

Gerd und Laura arbeiteten oft am gleichen Motiv, konnten nie genug bekommen. Er gab ihr von seinem Deckweiß und zeigte ihr worauf es bei dieser Technik, ankam. Das Wichtigste ist auf alle Fälle das Sehen und gutes Material, erklärte er immer wieder.

Laura fühlte sich in seiner Gegenwart sehr wohl. Gerd erging es ebenso. Selten hatte er eine so emsig malende junge Frau erlebt, sie strahlte außerdem Ruhe und Zufriedenheit aus. Es machte ihn glücklich. An einem lauen Abend gingen die vier Künstler nach dem Essen, den schmalen, geheimnisvollen Weg durch das kleine Wäldchen nach Sablet. Paul ging mit einer Taschenlampe voraus, was für die Nachkommenden aber kaum Licht brachte.

Ingrid und Laura fürchteten sich, denn sie sahen nichts vom Untergrund des Weges. Bald nahm Gerd Lauras Arm und führte sie durch das über den Weg hängende, stachelige Gestrüpp. Endlich, der schmale Weg durch das Unterholz war zu Ende und die ersten Lichter des Ortes Sablet zu sehen. Als Ingrid und Paul schnellen Schrittes davoneilten, Laura schon wieder zum Himmel schaute, um die Milchstraße zu sehen, nahm Gerd sie in die Arme, drückte sie an sich und gab ihr einen Kuss auf die Wange. Irritiert befreite sich Laura und sagte mit heller Stimme:

„Schau nur der Sirius, der kleine blaue Stern ist zu sehen. Er ist mein Lieblingsstern", und lief Gerd davon.

Der junge Mann war froh, dass sie ihn nicht geohrfeigt hatte. Er schätzte ihre Art zu arbeiten, zu Gehen und ihre angenehm leise Stimme. Als schüchtern würde er sie bezeichnen. War es vielleicht doch Liebe? Er lief schneller, um die anderen einzuholen. Fröhlich gingen sie gemeinsam zum >Café de la Gare< und konnten trotz des fortgeschrittenen Abends noch im Freien sitzen. Unter den bunt angeleuchteten Platanen schmeckte der Pasties und der Wein vorzüglich. Es wurde kühl, Gerd legte seinen Arm um Laura, sie fühlte sich geborgen. Gegen Mitternacht traten sie den Rückweg auf der Landstraße an. In der Nacht waren nur wenige Autos unterwegs, schon aus der Ferne zu sehen und zu hören.
Paul und Gerd gingen schnell voran und versuchten die Frauen zu erschrecken, indem sie Tierlaute imitierten. Die Frauen lachten darüber und liefen ihnen davon. Vom Ortsschild Séguret aus mussten sie bergauf, entlang der Stadtmauer, durch das Tor, in die enge, dunkle Gasse der Atelierhäuser, vorbei am Concierge-Zimmer, bis zu dem Platanenplatz gehen.

Wegen der Dunkelheit, nur deshalb bestand Gerd darauf, Laura bis zu dem Mal-Boden, den sie in diesem Aufenthalt bewohnte, zu bringen. Im Gehen zitierte er einen Vers von Hermann Hesse:
>*Wenn du die kleine Hand mir gibst, die so viel Ungesagtes sagt, habe ich dich jemals dann gefragt, ob du mich liebst?*<
Hermann Hesse war einer seiner Lieblingsdichter.
Da Ingrid und Paul sich in den kommenden Tagen mehr und mehr angefreundet hatten, fuhren sie oft allein mit Ingrids Auto in die nähere Umgebung von Séguret. Ingrid war im normalen Leben Lehrerin, malte und zeichnete nur in den Ferien.

Paul, der Zöllner, zeichnete so oft es sich ergab, es war sein Hobby. Gerd, mit einer Professur an der Kunstschule, zeichnete ständig und Laura malte und zeichnete mit größter Leidenschaft. Dass es einmal nicht nur Berufung, sondern auch ihr Beruf werden würde, war für sie noch nicht abzusehen, auch unwichtig.

Gerd und Laura arbeiteten in den nächsten Tagen zusammen, intensiv in der Radier- oder Lithographie-Werkstatt. Es entstanden gute Drucke. Die >Schwarze Kunst< hatte es beiden angetan. So war es kein Wunder, dass sie in Geist und Seele vereint waren und sich zunehmend näherkamen. Täglich, begaben sie sich nach dem Abendessen, auf den Weg um den Ort. Durch das Hugenotten-Tor, vorbei an der alten Steinmauer, zum Place du Midi. Im Schutz der großen Platanen beendeten sie den Tag. Sie staunten immer wieder über die leuchtenden Sterne am nächtlichen Himmel, die Milchstraße und den Mond, der täglich abnahm. Sie liebten sich mit all ihrer Zärtlichkeit, ohne an die Zukunft zu denken. Beide waren frei und das nicht nur als Künstler.

Für Laura war dieser Herbst, der ein Sommer war, der schönste seit Jahren. Die Landschaft war umwerfend in ihrer Farbigkeit und durch die in der Wärme neu erwachte Vegetation.

Das Gras hatte sich vom Grau, zu hellem Grün gewandelt und auf Lauras Lieblingswiese, waren erneut kleine Margeriten erblüht. Der wilde Lavendel verschwendete seine Düfte. Die zarten Blätter an den Olivenbäumen in roter Erde wehten silbrig. Durch die Last der Früchte bogen sich die dünnen Zweige schwerfällig nach unten. Es war Saisonende in der Provence und inzwischen Anfang November. Nur noch wenige Künstlerinnen und Künstler waren im Atelier und zum letzten Abendessen vereint. Die Stimmung war bedrückt und die Heimatadressen wurden ausgetauscht.

Lauras Freundin, die Hausherrin, hatte zum Abschiedsabend ein besonderes Essen bereitet. Der rote Wein und das Wasser standen wie immer in Keramikkrügen auf den Tischen. Als Hauptgang gab es einen Kaninchenbraten mit roten Linsen. Zum Dessert eine >Charlott<, Lauras Lieblingsnachtisch. Sie hatte es sich gewünscht und doch konnte sie kaum davon essen und ihre Tränen nicht verbergen. Die Anwesenden Künstler gingen sensibel darüber hinweg und stellten keine Fragen an Laura. Gerd hatte am Vorabend angedeutet, dass er keine sentimentalen Abschiede ertragen wollte und war ohne sich von Laura und den anderen Gästen zu verabschieden entschwunden. Es war schwer für ihn, aus dem märchenhaften, arbeitsreichen Aufenthalt in die Gegenwart zu reisen. In aller Frühe hatten Ingrid, Paul und Gerd das >Atelier-International de Séguret< verlassen. Ingrid hatte die Männer zum Zug nach Avignon gebracht und war weiter nach Deutschland gefahren. Vor Lauras Tür hatte Gerd nur einen Brief und eine Mappe mit zwei seiner Arbeiten gelegt. Eine gute Radierung mit einem Selbstportrait und eine Sepia-Zeichnung, weiß gehöht auf Büttenpapier. Laura hält diese Arbeiten noch immer in Ehren. War die besondere Begegnung mit Gerd nur ein Märchen oder eine Träumerei, es war einmal in der Provence! Wieder zurück, jeder Künstler in seiner Heimatstadt, erfolgten einige Telefonanrufe und viele Briefe gingen hin und her.
Erst nach einem Jahr trafen sich die Künstler in Göttingen, zu einer Lesung von Gerds Bruder, einem erfolgreichen deutschen Dichter, wieder. Dort blühte keine Herbstzeitlose und keine Milchstraße war zu sehen. Ein Jahr später bekam Laura die Nachricht, dass Gerd viel zu früh, zu jung sein Künstlerleben verlassen musste.

Die schönen, arbeitsreichen Erlebnisse und Erinnerungen an die
>Graue und Rosa Provence<, bleiben für Laura unvergesslich.

Das Höchste ist die Liebe

Die Liebe zu den Mitmenschen

Zur Natur und zur Kreativität

Annehmen und Erleben –

Sich treu bleiben

Kostet oft Überwindung

Von Gesetzlichkeiten –

Auf die Stimme der Seele hören

Die Gefühle nicht unterdrücken –

Auch wenn die Seele weint

Azurblau

Wolken ziehen dahin
Wohin – zu dir?
Kein Wind trübt den Blick –
Eingehüllt in Liebe
Die niemals enden kann
Hier und Heute
Mit Licht und Schatten

Das Blau in deinen Augen
Lässt mich träumen –
Mit dem Wind
Sonne und Wolken –
Bis in die Ewigkeit   (2020)

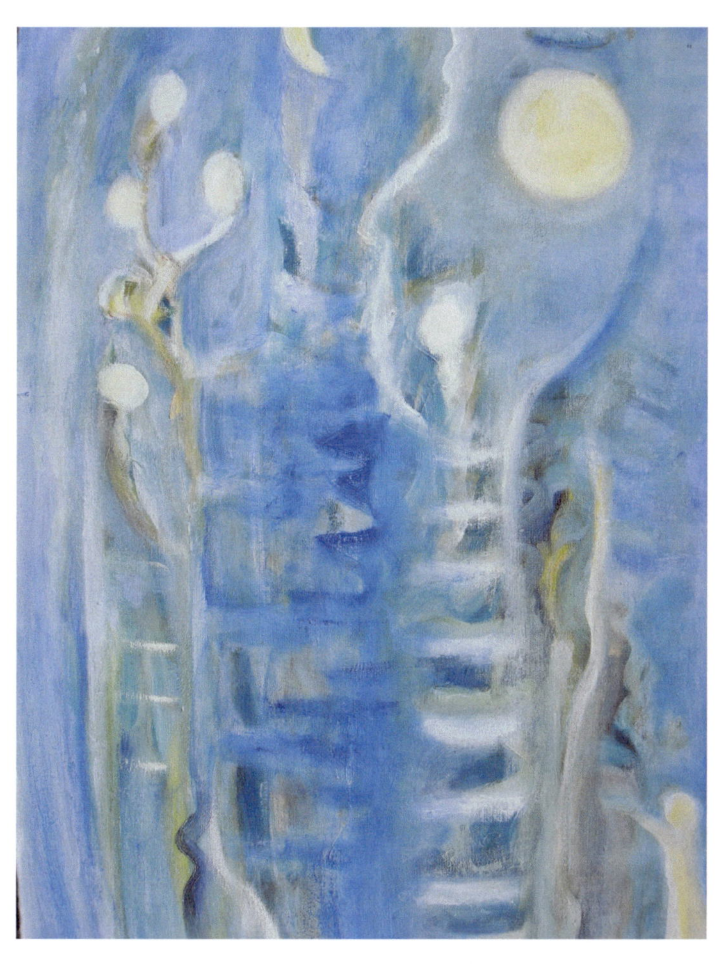

>Auf der Himmelsleiter< Mischtechnik

Schmetterlingstraum

Rascheln und Wispern
im Dunkel der Nacht.
Mondlicht fällt zitternd
auf Blüten und Bäume.
Puppen und Larven
im Grase erwacht,
erwarten den Tag
ihrer Träume.

Tautropfen benetzen
die wärmende Hülle,
erwecken zu neuem Leben.
Eifrig, seidig,
Feen gleich,
schlüpfen die Falter –
dem nahenden Morgen
entgegen.

Die Sonne lässt glänzen
das Flügelkleid, in sinnlich,
schimmernden Farben.
Der Falter fliegt auf,
spannt die Flügel weit –
in den begrenzten Erdentagen.

1. Preis für Lyrik, Brentano Gesellschaft 2012

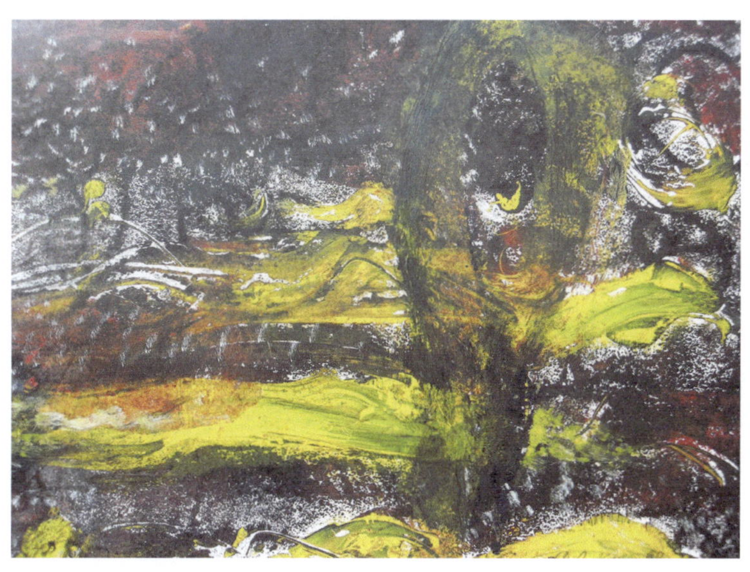

>Homag an Van Gogh< Mischtechnik

Nicht ohne Grund malten viele Impressionisten, Expressionisten,
die Maler und Malerinnen aus vielen Ländern in der Provence.
Der Hauptgrund – ist das Licht. Matisse schrieb einmal:

„Als mir klar wurde, dass ich jeden Morgen dieses Licht wiedersehen
würde, konnte ich mein Glück kaum fassen.”

Im Wind

Zweige schwingen sanft
Im Frühlingswind –
Ein Hauch von Freude
Ertastet Geist und Seele

Leise, ganz leise summend
Wiegen sich Veilchen –
Narzissen und Vergissmeinnicht
Im taufrischen Gras

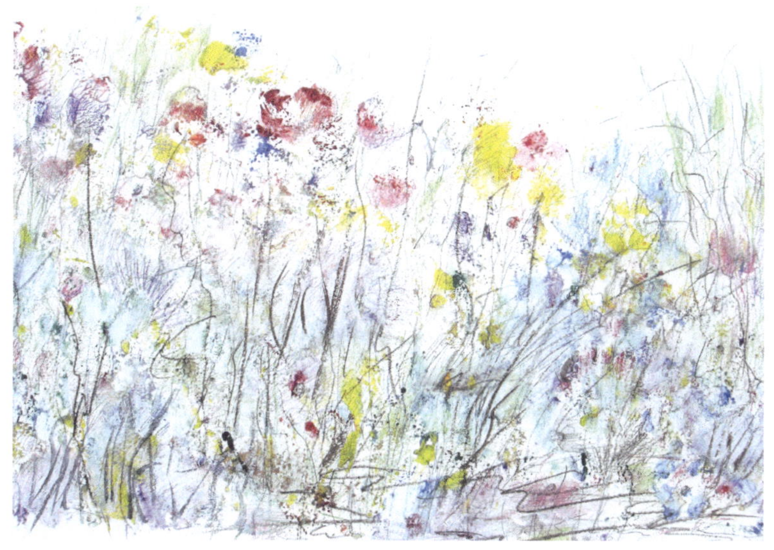

>Kleines Wiesenstück< Aquarell und Bleistift

Diese Zeile aus Malereigedanken aus dem Jahr 1997 skizzierte bereits „Ein Meer von blauen Gedanken", wie Heinrich Heine es formulierte, den Versuch, Wortbilder zu schreiben, pointierte poetische Skizzen zu umreißen. Skizzen die nicht die Pastelle und Erdbilder, die Aquarelle und Graphiken erklären sollen, sondern ihnen und ihrer Entstehung eine neue Dimension geben und dem Hörer wie dem Betrachter im Einklang von Text und Bild einen erweiterten Blick auf die Künstlerin ermöglichen.

Dr. Annette Boldt – Stülzebach

Kulturinstitut der Stadt Braunschweig

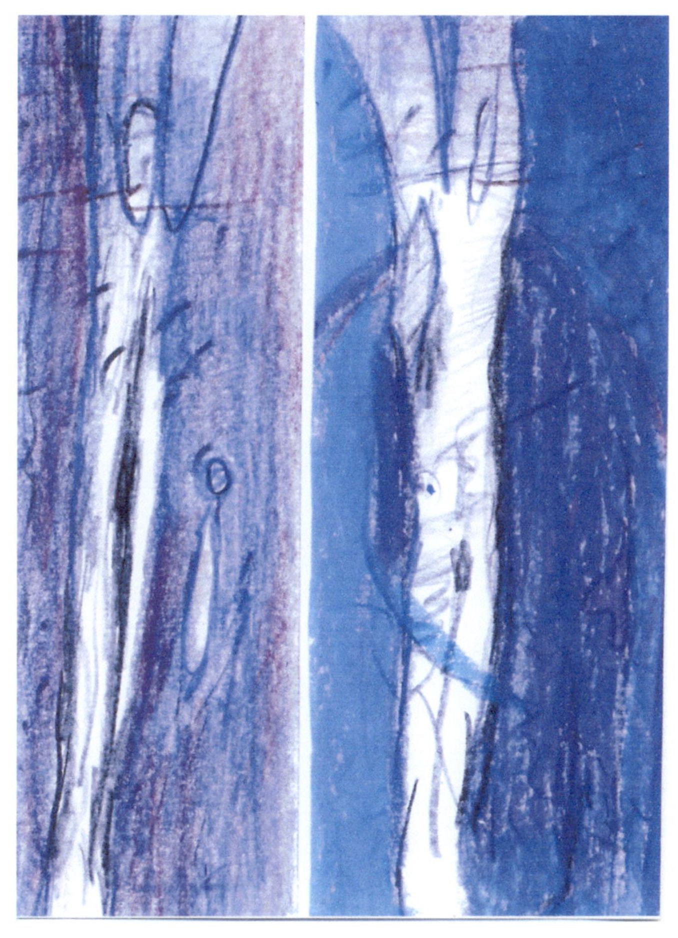

>Ohne Titel< Aquarell und Bleistift

Bühnenbilder

Geträumte Bühnenbilder
Vollendet im Licht der Provence.
Erträumte Theaterstunden
Vollendet im Klang der Poesie.

So soll es werden
Wenn aus Nacht wird Tag –
Und Träume nicht
Verloren gehen.

Braunschweigs Staatstheater
Lädt ein, zur Blauen Stunde.
Lasst uns bitte nicht nur –
Vorüber gehen.

Birgit Fischer (2021)

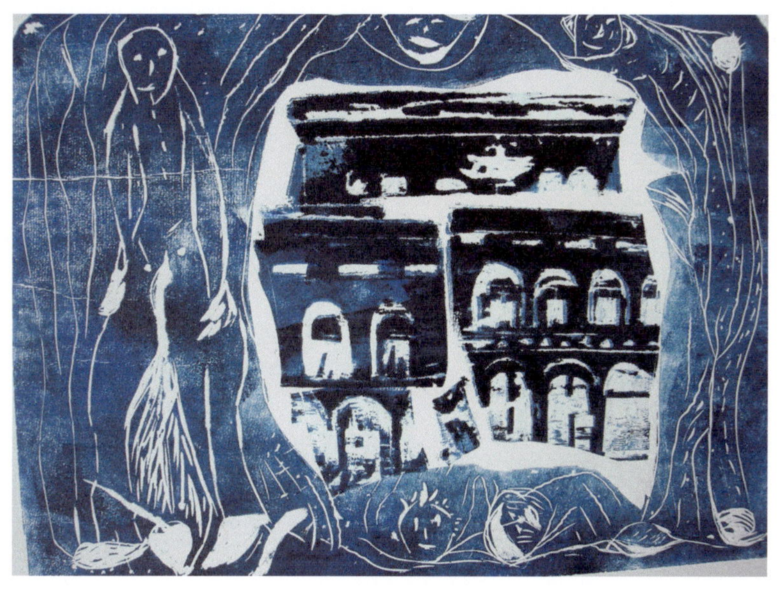

>Staatstheater< Holzschnitt

Sehnsucht

Sehnen

Nach Meer und Wind –

Ein Segelschiff am Horizont

Wo komm ich her

Wo geht die weite Reise hin?

Gen Himmel fliegt –

Ein Blatt im Wind

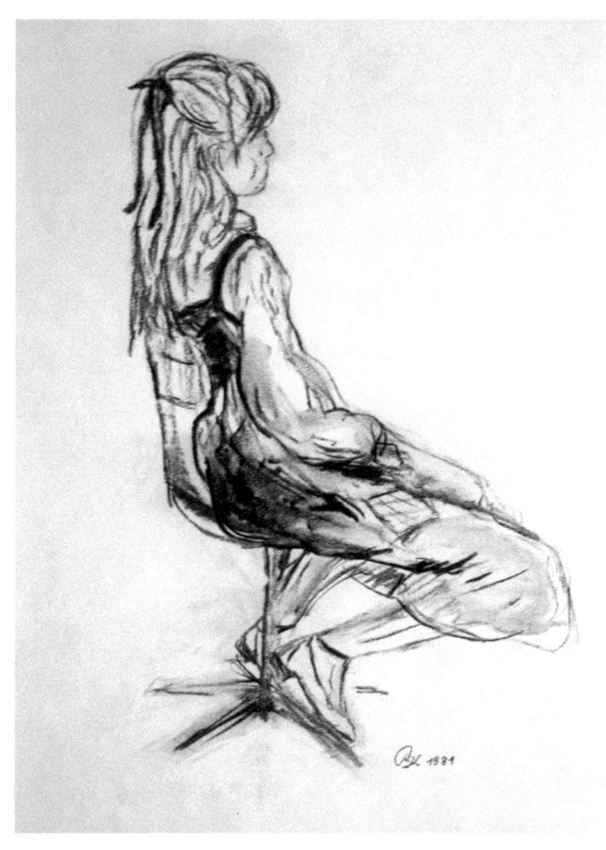

>Mädchen im Zeichensaal< Kohlezeichnung

Buchveröffentlichungen

2004   ICH WERDE, Heinrich Meyer-Verlag, Braunschweig

2006   Sternenstaub und Rosenwind, Books on Demand

2008   Kornäpfel, Kindheit und Jugend in Leipzig,
       Books on Demand

2011   Die Bernsteinprinzessin, Kurze Geschichten
       Wald der Erinnerung, Appelhans-Verlag
       Verweile doch, du bist so schön, Edition-Freiberg,

2012   Die Abenteuer von Hugo, Engelsdorfer Verlag
       Es war einmal, Edition Freiberg Dresden

2013   Und wenn ich nur säße und träumte, Engelsdorfer Verlag
       Überall ist Wunderland, Edition-Freiberg

2014   Als ich ein kleines Mädchen war, Edition-Freiberg

2015   Milchreis zum Geburtstag, Engelsdorfer Verlag

2016   Anthologie Es war einmal, Edition Freiberg
       Ausflug der Ameisenkinder und die Bernsteinprinzessin,
       Engelsdorfer Verlag, Leipzig

2016   Anthologie Es war einmal, Edition Freiberg

2016   Ein Atelier in der Provence, Engelsdorfer Verlag, Leipzig

Biographie

CHARLOTT RUTH KOTT, geboren 1937 in Leipzig

Ausbildung zur Schriftsetzerin in der Gutenbergschule Leipzig,

1954 die Flucht aus der DDR über Berlin nach Braunschweig

1981-85 Gaststudium bei den Professoren Voigt und Sorge

Stipendium des Landes Niedersachsen für die Internationale

Sommerakademie Salzburg, bei Arik Brauer und Studium in

Frankreich

Seit 1991 im Verein „Atelier Artistique International de

Séguret"

1988 bis 2004 Mitglied der GEDOK Niedersachsen

Malerei und Literatur

Seit 2004 im BBK-Braunschweig

Seit 2015 in der GZL, >Gesellschaft für Zeitgenössische

Lyrik< in Leipzig

Lebt und arbeitet als Freie Malerin, Bildhauerin und

Schriftstellerin in Braunschweig

Ausstellungen im In- und Ausland

Herzlichen Dank für Texte im Buch an:

Dr. Annette Boldt Stülzebach, meine Enkelin Juliane Henning
und an Birgit Fischer

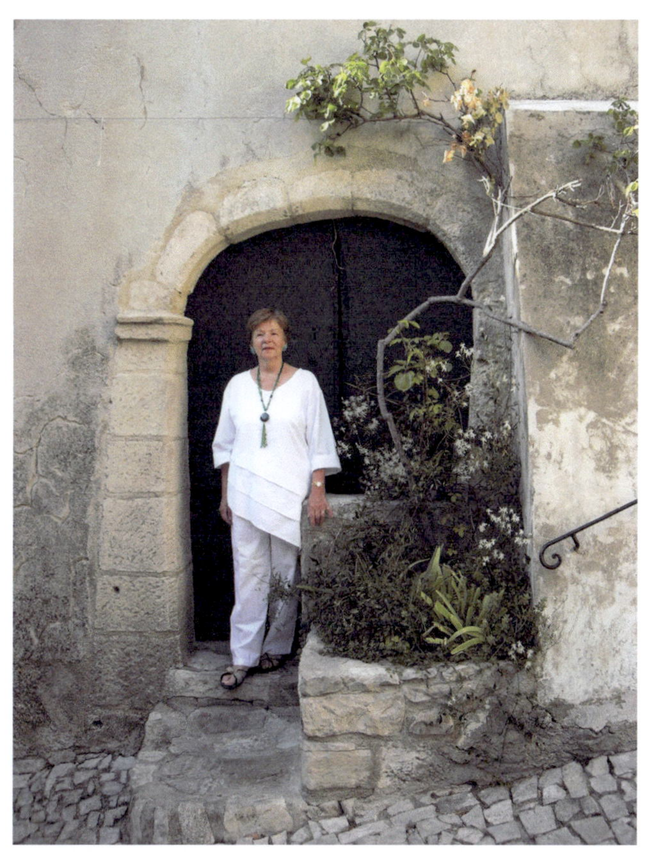

Die Malerin in der Provence